정글노동법

정글 노동법

2021년 4월 13일 초판 인쇄
2021년 4월 16일 초판 발행

지 은 이 | 박용호, 이영욱
발 행 인 | 이희태
발 행 처 | 삼일인포마인
등록번호 | 1995. 6. 26. 제3-633호
주 소 | 서울특별시 용산구 한강대로 273 용산빌딩 4층
전 화 | 02)3489-3100
팩 스 | 02)3489-3141
가 격 | 35,000원

ISBN 978-89-5942-975-2 03320

회사라는 정글에서
살아남는 100가지 방법

정글 노동법

박용호(노무사) 글
이영욱(변호사 · 만화가) 그림

SAMIL | 삼일인포마인

서문

저(박용호 노무사)는 공인노무사로 일하면서 인사팀이나 인사노무 담당자를 따로 두지 않는 중소기업에 노사 문제로 도움을 줄 상황을 자주 접하게 됩니다. 이런 기업들은 법률상 문제가 발생했을 때나 노사 간 갈등이 생겼을 때 제대로 된 해법을 찾지 못하고, 결국 잘못된 선택을 하여 문제를 더 크게 만들기도 합니다.

한편으로는 회사에서 근로자로 일하는 친구나 지인들로부터 본인들이 회사에 무엇을 요구할 수 있는지, 나의 요구에 대해서 회사가 이러이러한 답변을 하는데 그게 과연 맞는지 질문을 받는 경우도 많습니다. 근로자로서의 질문도, 이에 대한 회사의 답변도 합당한 경우도 있지만, 뭔가 잘 모르는 무지에서 나온 이야기이거나 억지스러운 것도 많았습니다.

하지만 중소기업에서 발생하는 상당수의 문제나 갈등의 근원은 의외로 기초적인 노동 관련 법령이나 기준만 알고 있다면, 어렵지 않게 엉킨 실타래를 풀어나갈 수 있는 경우가 대부분입니다.

이에 회사 생활에서 자주 발생하는 문제나 궁금증에 대하여, 변호사이면서도 오랜 기간 여러 만화를 그려온 이영욱 변호사와 함께 재미있고 쉽게 접근할 수 있는 책을 만들어보기로 했습니다. 따라서 이 책은 내용의 독특함보다는 현실에서 자주 발생하는 일들, 혹은 노사문제와 관련하여 자주 질문하는 분야를 중심으로 구성하였습니다.

이 책은 근로계약, 임금과 퇴직금, 근로시간, 휴일 · 휴가 · 휴직, 사직과 해고, 기타 근로관계, 노사관계, 기타 등 8개 장으로 구성되어 있으며, 회사에서 발생할 가능성이 높은 이슈들을 최대한 담으려고 노력하였습니다.

주제를 선정하면서 노동자와 사업주 양쪽의 입장을 고려하였습니다. 회사의 구성원으로서 법률적 판단이나 법률 자체를 몰라서, 혹은 오해해서 갈등이 발생하지 않도록 하는 것을 목적으로 하였습니다.

앞서 말씀드린 것처럼 이 책은 회사에 인사팀이나 인사노무 담당자가 없는 중소기업을 염두에 두고 집필하였으나, 인사 업무를 처음 접하는 담당자 또는 근로자로서 노사문제에 관심이 있는 분들에게 도움이 될 수 있을 것입니다.

아무쪼록 이 책이 관계자 여러분들께 조금이라도 도움이 된다면 무엇보다 기쁘겠습니다.

저자들은 오랜 친구입니다. 책의 내용 집필, 만화 구상은 박용호 노무사가 주로 담당하였고, 만화의 구성은 이영욱 변호사가 주로 담당하였지만, 전반적으로 분야를 나누지 않고 계속적으로 대화하고 협업하여 책을 만들었습니다.

저자들의 정신적 지주인 두 저자의 어머니들, 책 내용의 상당 부분이 '삼일아이닷컴'에 연재되도록 해주시고 책이 예쁘게 나오도록 신경 써주신 삼일인포마인 조원오 전무님, 임연혁 차장님 그리고 대표님과 많은 임직원 여러분, 만화의 재미있는 구성에 많은 도움을 주신 유희영 작가님, 늦은 귀가와 주말 업무를 참아주고 성원해준 이영욱 변호사의 아내 김성은, 딸 지민, 항상 든든한 지원군이 되어 주는 박용호 노무사의 동지인 황윤정님께 감사를 드립니다.

2021년 봄에

저자 박용호, 이영욱

Content

정글노동법

PART 1

근로계약

PART 2

임금과 퇴직금

Content

정글노동법

PART 4

휴일, 휴가, 휴직

Content

정글노동법

PART 5

사직과 해고

PART 6

기타 근로관계

Content

정글노동법

PART 7

노사관계

PART 8 기타

백웅 사장(55세)

500여 명이 다니는 토목회사인 '주식회사 웅건' 사장님

착하고 성실한 성격이지만, 사장님으로서 해야 할 일은 하는 가차없는 성격도 있음.

대학졸업한 딸이 하나 있음.
취미: 골프, 술 마시기

호사우 주임(28세)

'주식회사 웅건' 총무팀 주임

눈치를 잘 보고 잔머리가 좋은 편, 인터넷도 잘 하고 PC를 잘 다룸.

아직 미혼
취미: 나이트 가기, 잡기에 능함

Jungle labor law character

PART 1

근로계약

정글노동법
1화

연장근로는 몇 시간까지 가능한가요?

Q

섬유 원자재를 생산하고 있는 회사 영업팀 대리인데, 봄 성수기라 거래가 많아 주중에 10시간씩 근로한 뒤 휴일인 일요일에도 8시간을 추가로 근무하고 있습니다. 최근 근로시간 한도가 줄었다는 소식을 들었는데, 저희 회사 근무형태가 연장근로시간 한도 위반인가요?

이번 주말에 거래처를 돌아야 하니
영업부는 일요일 10시까지 나오죠!
사장님! 법이 바뀌어서 야근 한도가
줄었다는데, 그렇게 해도 되나요?
네?
연장근로는 다른 거 아녜요?
일.요.일.에 출근하라구요~.
~늘
싹~
법이 주말 근무랑 평일 연장 근무를 합쳐서
12시간을 넘기면 안되는 걸로 바뀌었다던데...
꿀꺽
덜덜
그렇게 하면 법 위반 아닐까요?
평일 연장 근무
+
주말 근무
=
흠...
그래서 그게 지금
문제라고요?
으르렁~
제가 알기론...
아마도...

A 노동부는 2018년 이전까지 근로자의 연장근로시간 한도를 계산할 때 휴일근로가 연장근로에 포함되지 않아 1주 최대 68시간까지 근로가 가능한 것으로 인정해 왔습니다.

1주 40시간의 법정 근로시간에 연장근로 12시간, 휴일근로 16시간(토·일요일이 휴일인 사업장 기준)을 각각 더해 주 최대 68시간을 근무해도 법정 한도를 초과하지 않는다고 보았습니다.

하지만 2018년 7월부터 바뀐 근로기준법에서는 '휴일근로도 연장근로에 포함해야 한다.'고 규정하고 있습니다. 이에 따라 1주 최대 근로시간은 주 68시간에서 휴일근로 한도인 16시간이 빠진 '52시간'이 된 것입니다.

위의 사례처럼 매일 10시간씩 5일을 근무했다면 주 50시간을 근무한 것이 됩니다. 하루에 2시간씩 연장근로를 해서, 10시간의 연장근로시간이 발생합니다. 여기에 일요일에도 1주 8시간을 추가로 근무했다면, 총 연장근로시간이 18시간이 되어 연장근로 한도 초과로 근로기준법에 위반됩니다.

구분	1주						
요일	월	화	수	목	금	토	일
실근로시간 (연장근로시간)	10 (2)	10 (2)	10 (2)	10 (2)	10 (2)	-	8 (8)
총근로시간 (연장근로시간)	58 (18)						

다만, 변경된 연장근로 한도는 기업 규모에 따라 적용시기를 달리하고

있습니다. 기준은 다음과 같습니다.

❶ 직원 수 300인 이상인 기업은 2018년 7월 1일부터 시행
❷ 50인 이상~300인 미만인 기업은 2020년 1월 1일부터 시행
❸ 5인 이상~50인 미만인 기업은 2021년 7월 1일부터 시행 예정

이렇게 규모에 따라 적용 범위를 다르게 한 이유는, 근로 유연성이 없는 작은 기업들에게 규제보다는 자율적인 조절을 통해 장시간 근무를 단축하도록 만들기 위해서입니다.

현재는 직원 수가 30명 미만인 사업장은 노사합의를 통해 2022년 12월 31일까지 한시적으로 법정 한도에 주 8시간을 더하여 총 60시간을 연장근로시킬 수 있습니다. 다만, 5인 미만 기업은 연장근로시간 제한이 없습니다.

정글노동법

2화

승인받지 않은 야근에 대한 수당을 청구하는 경우는?

Q 무역회사에서 고객 관리를 담당하고 있습니다. 해외 바이어들과의 연락이 주 업무인데, 시차 때문에 하루 평균 2시간, 한 달 20여 일을 저녁 근무를 해야 하지만 연장근로를 싫어하는 사업장의 분위기 탓에 규정에 따라 사전에 해야 하는 연장근로 신청을 하지 못하고 있습니다. 연장근로수당 - 받을 수 있을까요?

중국쪽 판로는 어려울 것 같으니
중동 바이어 관리에 최선, 알지?
알겠습니다. 그런데 시차 때문에 매일
저녁 8시에야 주문 마감이 되는데요.
음?
말씀 좀
드릴게요~
하루 이틀도 아니고 한 달에 2/3는 늦게
마감을 하는데… 연장수당 안 주시나요?
연장근로 신청도 안 해놓고 무슨!
그리고 그건 우대리 업무잖아!
히익~
연장근무 신청하면 매번 승인도
안 해주셨잖아요…ㅜ.ㅜ
윽….
자발적인 야근에 돈을 달라니?
자발적으로 집에서 쉬려고?
헉~그냥
다닐게요!

A 연장근로는 근로기준법상 기준인 법정근로시간(1주 40시간, 1일 8시간)을 넘겨 근로하는 것을 의미하며, '시간외근로'라고도 합니다.

근로기준법은 연장근로를 일정한 요건 아래서 제한적으로 허용하고 있는데, 사업주와 근로자 사이에 합의가 있는 경우 1주간에 12시간을 한도로, 1주 40시간, 1일 8시간을 넘어 근로하게 할 수 있습니다.

또한 연장근로를 하면 통상임금의 50% 이상을 더해 지급해야 하는데, 특히 연장근로가 동시에 야간근로(22:00~06:00)에도 해당한다면 더해줄 사유가 두 번이므로 100%를 더해서 주어야 합니다.

근로자가 사전에 연장근로 신청을 한 경우에만 연장근로가 인정되도록 사규로 정하고 있는 사업장에서, 퇴근시간 이후 근로자가 임의로 남아서 근무를 하고 이를 바탕으로 연장근로수당을 달라고 한다면 어떻게 될까요?

원칙적으로 사업주와 근로자 사이에 연장근로에 대한 이야기를 나누지 않았더라도, 근로자가 근로를 제공하고 사업자가 암묵적으로 이를 허용한 경우에는 연장근로수당을 주어야 합니다.

하지만 사업주가 근로자에게 연장근로를 허용하지 않겠다는 의사를 분명히 밝히고, 실제 연장근로를 시키지 않았다면 별도의 연장근로수당을 주지 않을 수 있습니다. 근로자가 성과수당을 더 받기 위하여 자발적으로 연장근로를 하는 경우와 같이 불필요한 시간외근무에 대한 대가까지 사업주가 지불할 필요는 없기 때문입니다.

따라서 사례와 같이 현실적으로 연장근로가 필요함에도 불구하고 회사의 방침 때문에 사실상 연장근로 신청을 포기하는 분위기에 있는 직장이라면, 근로자가 연장근로에 대한 사업주의 승인을 얻지 않았거나 연장근로 신청을 하지 않더라도 실제 연장근로한 시간에 대하여 그에 상당한 임금을 청구할 수 있습니다.

정글노동법

3화

근로시간 vs.
비 근로시간의 구분

Q 중견 토목회사 경영지원팀 실무자인데, 퇴근 후에도 상사가 메신저로 자재 구매현황이나 각종 재고통계를 확인해 달라고 부탁하는 경우가 많습니다. 보통 10분 정도면 끝나지만 때때로 한 시간 가까이 걸릴 때도 있는데, 이런 시간도 근로시간에 해당하나요?

어휴…이거 퇴근 후 또 카톡이야. 정말 미치겠네.
덜컹덜컹~~
깨톡!
호주임, 파주쪽 공사에 들어간 자재 현황 좀 확인해서 알려줘.
어휴…
사장님, 그거 어제 정리해서 드렸잖아요. 쫌요….
매번 이러시면 어떡해요
지금 원청 접대 중인데, 요즘 현장 수치가 알고 싶다고 하시거든. 급해서 그래!
선공후사 좀 하자
지하철 내리면 자료 찾아보고 카톡 첨부파일로 드릴게요.
후~
부탁해. 여기 음식점에서 한두 시간 더 있으니까 그 사이에 좀 보내라~!
진짜 한두 번도 아니고! 다 기록해놓고 수당 청구한다, 내가 진짜!
부르르
빡! 침!
응?

A 결론부터 말하자면, 경영지원팀의 통상 업무 중 구매현황 파악이나 재고조사, 통계업무가 있고, 퇴근 후에 이러한 업무를 수행하라는 상사의 지시에 따라 업무를 수행한 뒤 메신저로 보고를 하였다면 그 시간은 근로시간에 해당됩니다.

'근로시간'이라 함은 근로자가 사업주의 지휘 · 감독 아래 종속되어 있는 시간, 즉 업무를 수행하였는지 여부와 관계없이 노동력을 사용자의 처분 아래에 둔 실 구속시간을 의미합니다.

이때 '노동력을 사용자의 처분 아래 두고 있었는지' 여부는 사업주의 지시 여부, 업무수행(참여) 의무 정도, 수행이나 참여를 거부한 경우 불이익 여부, 시간 · 장소 제한의 정도 등 구체적 사실관계를 따져 사례별로 판단합니다.

우리나라를 포함하여 대부분의 나라들이 근로시간인지 아닌지를 판단할 때 법률이나 정부 지침으로 정하지 않고, 사례별로 개별적인 판단을 하고 있습니다.

주요 사례와 판단 기준

① 휴게시간 · 대기시간

근로자가 사업주의 지휘 · 감독에서 벗어나 자유롭게 이용이 보장된 시간만 휴게시간으로 인정하고 있으며, 업무나 고객을 대기하는 시간 등은 근로시간으로 보고 있습니다.

② 교육시간

사업주가 의무적으로 해야 하는 각종 교육을 실시하는 경우, 그 시간은 근로시간에 포함합니다.

③ 출장시간

근로자가 출장이나 그 밖의 사유로 근로시간의 전부 또는 일부를 사업장 밖에서 근로하여 근로시간을 산정하기 어려운 경우에는, 소정근로시간 또는 사전에 정한 시간을 근로한 것으로 봅니다.

④ 접대

업무 수행과 관련이 있는 제3자를 업무시간 외에 접대하는 경우, 이에 대한 사업주의 지시 또는 최소한 승인이 있는 경우에 한하여 근로시간으로 인정받을 수 있습니다.

⑤ 워크숍 · 세미나 등 사내 행사

사업주의 관리 아래 효과적인 업무 수행 등을 위한 집중 논의 목적의 워크숍, 세미나 시간은 모두 근로시간으로 볼 수 있습니다. 다만, 직원 간 단합 차원에서 이루어지는 워크숍 등은 근로시간으로 보기 어렵습니다.

⑥ 회식

특별한 목적이나 사업주의 구체적 개입이 없는 – 사업장 내 구성원의 사기 진작, 조직의 결속 및 친목 등을 강화하기 위한 차원인 – 회식은 근로시간으로 보기 어렵습니다.

정글노동법 4화

주중에 연차휴가로 쉰 주의 토요일 근로는 연장근로에 해당할까요?

Q 월·화요일을 연차휴가로 쉬고 출근했더니 업무가 밀려 그 주 토요일에 출근하여 근무를 하였습니다. 주말인 토요일에 근무하였으니 당연히 연장근로에 해당하는 거겠죠?

이번 달은 좋구만. 연차 다 쓰고
푹 쉬니 다음 주가 월급날이잖아.
룰루랄라~
오! 급여명세서!^^
응? 미묘하게 월급이 적네?
와이프가 물어볼 텐데…
이번 달 급여가 왜 일한
시간보다 적은 것 같죠?
휴가는 잘 다녀왔습니다
장과장 연차 쓴 주 토요일에 나와서
일한 근무를 일당만 지급했거든~
그 정도 페널티는 감수해야지?
사장 하예노
아니 주말에 나와서 일을 했는데 연장
수당을 왜 안 주나요? 당연히 주는 걸?
무슨 논리…?
그 주 일한 시간 다 합쳐도
40시간이 안 되는데 뭔?!
네? 주말근무
는 무시하고?

A 주말에 근무하거나 교대로 근무하는 사업장도 적지 않습니다만, 보통은 월요일부터 금요일까지 근무하고 주말인 토요일과 일요일에 쉬는 것이 기업의 일반적인 모양새입니다. 그래서 사람들은 주말에 출근하여 근무를 하게 되면 당연히 시간외근로라고 생각을 합니다.

그러나, 사례처럼 평일에 휴가를 다녀온 주의 토요일에 근무를 한 경우에도 일한 시간을 연장근로로 볼 수 있는지, 그리고 연장근로로 볼 수 있다면 지급해야 하는 가산임금의 종류는 무엇인지가 문제가 될 수 있습니다.

결론부터 말하자면, "사례와 같이 주중 휴일, 휴가가 있었다면 토요일 근로는 연장근로가 되지 않는다."이며, 그 이유는 다음과 같습니다.

현행 노동법 체계에서 직원이 근무한 시간이 연장근로시간에 해당되는지 여부는 실제 근로한 시간으로 판단합니다. 즉, 주중에 유급휴가 또는 유급휴일이 있어 근로제공을 하지 않았다면, 1주 40시간에서 해당 시간은 제외하고 실질 소정근로시간을 가지고 연장근로 여부를 판단한다는 것입니다.

따라서 비록 토요일(무급휴무일 사업장의 경우)에 8시간 근로제공을 하였더라도 그날은 연장근로에 해당되지 않으며, 회사에는 근로기준법 제56조에 따른 50% 가산임금 지급의무가 발생하지 않습니다.

다만, 회사가 취업규칙이나 근로계약서, 단체협약 등을 통해 토요일을 무급휴일로 정해 놓고 있다면, 이날 출근하여 근무를 하는 경우 휴일근로가 되어 휴일근로수당 지급의무가 발생합니다. 따라서 무급휴일인 토요일에 출근하여 근무한 경우, 휴일근로수당을 지급해야 합니다.

참고로 토요일에 대하여 공식적으로 정한 바가 없거나 휴일로 운영해 온 관행이 없다면, 원칙적으로 무급휴무일로 본다는 점도 알아두기 바랍니다.

고용노동부, 노동시간단축가이드(2018. 6. 11., 36쪽)
실근로시간이 1일 8시간, 1주 40시간을 초과해야 연장근로에 해당합니다.
– 무급휴무일인 토요일에 일을 했어도 1일 8시간, 1주 40시간을 초과하지 않았다면 연장근로에 해당하지 않으며, 가산임금도 발생되지 않습니다.

정글노동법

5화

근로기준법 적용은 직원 수 5명을 기준으로 나뉜다

Q 홍대 앞에서 의류매장을 운영하고 있는 점주입니다. 최근 판매가 늘어 직원을 한 명 더 뽑아 이번 달부터 5명을 고용하게 되었습니다. 새로 들어온 직원이 언제부터 연차휴가를 쓸 수 있는지 물어보는데, 작은 가게에서도 연차를 주어야 하나요?

사장님 지난달 들어온 도로미 씨가 휴가를 좀 쓰고 싶다는데요?
판매직으로 입사한 여자 분…
사장 하예노
응? 무슨 휴가? 여름에 휴가 가면 되잖아.
그게… 연차휴가를 쓰겠다고 하네요. 직원 5명이 됐으니… 의무로 줘야?
당연한 거 아니냐고…
우리같은 조그만 회사에서 무슨 연차야? 그런 거 인정 못하지!
우린 그런거
준 적이 없어!
그 친구 이전 직장도 7명 회사였는데 거기서는 연차휴가 줬다고 하더라구요.
"연차휴가 있음"
직원 수 확 줄일까, 그냥?
아니… 그런 식은 좀…

A 근로계약의 핵심은 근로시간과 (휴게, 휴일, 휴가 등) 쉬는 시간, 그리고 근로의 대가인 임금이라고 할 수 있습니다.

근로기준법은 개별 근로자와 사업주와의 관계에서 위와 같은 핵심적인 권리를 보호하고 있습니다만, 모든 사업장에 이 법률이 적용되지는 않습니다.

소규모 사업장이나 영세사업주에게 법이 정한 모든 의무를 요구할 경우 사업 운영 자체가 어려울 수 있다는 차원에서, 일정 규모 - 5인 미만 - 사업장에 몇몇 예외를 허용하고 있습니다.

소규모 사업장에 임금, 근로시간, 휴가 등 근로기준법의 적용을 제외해야 하는지에 대해서는 논란이 있었지만, 1999년 헌법재판소가 영세사업장의 지급 능력과 정부의 근로감독 행정력의 한계 등을 들어 직원 수에 따른 예외 허용을 합헌으로 결정하여 현재에 이르고 있습니다.

현재 5인 미만 사업장에서 적용이 제외되는 주요 규정은 다음과 같습니다.

구 분	대상 규정	5인 이상	5인 미만
계약관계	해고 예고	O	O
	해고의 이유/서면통지	O	X
근로시간	근로시간 한도	O	X

구 분	대상 규정	5인 이상	5인 미만
휴일·휴게·휴가	주휴일	O	O
	휴게시간	O	O
	출산휴가/산재휴가	O	O
	연차휴가	O	X
	생리휴가	O	X
가산수당	연장·야간·휴일 가산수당	O	X
정규직 고용	무기계약직 전환의무	O	X
퇴직금	퇴직금(퇴직연금)	O	O
법정의무교육	직장 내 성희롱 예방	O	O
	직장 내 괴롭힘 예방	O	X

그리고 5명 이상이 일하는 사업장임에도 특수한 사업을 운영하는 경우 근로기준법의 적용을 제외하고 있는데, 이 경우는 별도의 법률로 대상 근로자를 보호하고 있거나 특수한 신분을 기반으로 한 사업의 경우가 대부분입니다.

- 선원, 공무원, 사립학교 교원, 청원경찰: 각각 특별법을 두어 별도로 관리
- 함께 살고 있는 친족끼리 사업을 하는 경우: 친인척으로만 구성된 사업장은 적용 제외
- 가사 사용인: 가사를 담당하는 가정부, 집사, 정원사 등 특수관계의 경우 적용 제외

사례처럼 상시 고용하는 직원이 5명이 되었다면, 그때를 시작일로 하여 연차를 계산 · 지급해야 합니다. 사업주는 사업이 번창하는데 따른 기회비용이라 생각하고 상시 근로자가 5명 이상이 되면 직원들에게 연차휴가제도를 적용해야 합니다.

정글노동법

6화

우리 회사가 꼭 받아야 하는 법정의무교육은?

Q

작은 무역회사를 운영하고 있는 사업주입니다. 가끔 팩스 수신내역을 정리하다 보면 법정의무교육을 받으라는 내용을 자주 보게 되고, 근래에는 큰 피해를 당하기 전에 자기들에게 교육을 받으라는 전화도 많이 받습니다. 정말 필수! 의무교육!이 맞나요?

삐빅…
직직직…
삐빅…
직직직…
매번 뭔 놈의 교육 관련
팩스가 이리 많아?
종이
아깝게
전화도 꽤 오더라구요.
이거 안 받으면 큰일 난다고…
노동청 처분받는다고 하던데…
응? 처분?
이걸 다
받으라고?
성희롱
예방교육
퇴직연금
교육
산업안전
보건교육
장애인…
그렇긴
하네요…
하나라도 교육 안 받으면 내가
뒤집어쓰나? 그런 거 아냐?
그런가…
요…?
우과장 내가
처벌받으면
책임질 거야?!
꿰!!
헉…! 화내지
마세요!!

A ‘법정의무교육’이란 기업, 공공기관, 행정지자체 등 근로자를 고용해서 사업을 운영하는 모든 단체에서 법이 정한 기준에 따라 연 1회 이상 의무적으로 시행해야 하는 교육을 말합니다.

그중 일반적으로 기업에 요구되는 법정의무교육은 다음과 같습니다.

구 분	교육시간	교육대상	위반 시 벌칙
직장 내 성희롱 예방교육	연 1회 1시간 이상	대표 포함 모든 임직원	과태료 500만 원 이하
개인정보보호법 교육	연 1회 1시간 이상	개인정보 취급자·담당자 (모든 임직원 아님)	없음, 사고 발생 시 5억 원 이하
산업안전보건 교육	분기별 3~6시간 이상	산재보험 가입 임직원 (대표이사 제외)	과태료 500만 원 이하. 인원 수에 따라 분기별 3~15만 원 과태료 부과
퇴직연금교육	연 1회 이상	퇴직연금 가입 임직원	과태료 1,000만 원 이하
직장 내 장애인 인식개선교육	연 1회 1시간 이상	대표 포함 모든 임직원	과태료 300만 원 이하

이러한 교육에는 사업주나 담당자가 기억해야 할 몇 가지 예외 조건이 있습니다.

- 성희롱 예방교육: 직원 수가 10인 미만이거나 직원이 모두 같은 성별인 사업장의 경우 교육자료 사내 비치 또는 배포로 교육을 대체할 수 있습니다.
- 직장 내 장애인 인식개선교육: 직원 수가 50인 미만인 경우 간이교육자료의 배포, 게시 등을 통해 교육을 한 것으로 인정받을 수 있습니다.
- 퇴직연금교육: 교육자료 발송, 게시 등의 방법으로 교육을 대체할 수 있습니다.
- 산업안전보건교육: 5인 이상 사업장이 원칙이나 업종과 규모에 따라 적용 예외가 있어, 모든 기업에 적용되는 교육은 아닙니다.

흔히 하는 오해와 달리 법정의무교육은 기업에서 자체적으로 진행할 수 있으며, 이때 사내 강사가 취득해야 하는 특별한 자격기준은 없습니다. 다만, 산업안전보건교육에 한해서는 관리감독자 교육(연간 16시간)을 이수한 직원이 교육을 해야 교육이 인정됩니다.

외부에 위탁교육을 의뢰한 경우 수료증, 확인증 등 교육기관이 제공하는 자료를 받아서 3년간 보관해야 합니다. 자체 교육을 시행한 경우에는 증빙자료로 교육자료, 교육일지, 참석인 명부(날인 포함) 및 교육실시 사진을 역시 3년 동안 보관해야 합니다.

사례와 같이 사업주가 궁금해한 팩스나 전화로 오는 교육수강 요청내용 중 교육 의무, 위반에 따른 벌칙에 대한 내용은 상당부분 사실입니다. 다만, 기업규모에 따라 대체 교육방법이 있고, 업종에 따라 제외되는 교육도 있으며, 기업 자체 교육도 가능하다는 점을 염두에 두고 교육일정을 설계해야 합니다.

정글노동법

7화

임원이 연차수당과 퇴직금을 요구할 경우

Q 중견 토목회사 총무팀 주임입니다. 최근 중국 현지 법인에 건설담당 총경리로 나가 있던 이사님이 회사를 그만두면서 시간외근로에 대한 제수당과 법정퇴직금을 요구해 왔습니다. 임원도 근로기준법에 따라 법정제수당과 퇴직금을 받을 수 있나요?

호주임! 장이사가 뭘 했다고?
내 방에 당장 와 봐~!
장이사가 뭘 청구했어? 퇴직금
이랑 연차수당을 청구했다고?
이 사람이…
뭔 생각이야…
네네…
네… 노동청 신고 어쩌고 하면서
으름장도 놓던데요?
임원이시니…대꾸도 못하고…
장이사가 그걸 청구하다니, 말이 되나?
장이사가 근로자야? 노동자야?
뭐 이런
빌런이
다 있어!
그 사람은 임원이라고 임원. 자동차도 받고
사택도 받았던 해외지사 지사장이었다구!
이런 사람이
근로자냐구!
말이 되나?
빨리 조사해서
보고해!
건강부회
아냐?
네네! 당장
하겠습니다!

A 일반적으로 임원이란 '어떤 단체에 소속하여 그 단체의 중요한 일을 맡아보는 사람'으로 개념 정의를 하는데, 회사마다 임원의 기준이 다르기 때문에 모든 기업에 이 개념을 일률적으로 적용하는 것은 무리가 있습니다.

경우에 따라서 한 회사 내에서 사용자로서 지위와 역할을 함과 동시에 근로자의 의무를 지는 이중적인 입장에 있는 임원도 볼 수 있습니다.

따라서, 어떤 회사의 임원이 사용자의 일원인지 아니면 노동법의 보호를 받는 근로자인지는 임금을 목적으로 '종속적인 관계'에서 회사에 근로를 제공하였는지 여부에 따라 판단할 수밖에 없습니다. 다시 말해 회사가 정해준 업무를 회사의 구체적인 지시를 받으면서 정해진 장소와 시간에 근무하였는지에 따라 임원과 근로자를 구분하게 되는 것입니다.

임원이 근로자인지 확인할 때, 다음과 같은 순서로 판단해야 합니다.

우선, 임원이 본인이 담당하고 있는 업무에 대한 집행권한이나 대표권한을 가지고 있는지 확인해야 합니다. 이러한 권한과 역할을 하는 임원은 회사로부터 일정한 사무 처리의 위임을 받고 있는 것이므로, 특별한 사정이 없는 한 근로자가 아니라고 보게 됩니다.

업무 집행권이나 대표권을 가지고 있지 않거나 실체가 모호하다면, 종속적인 관계에서 근로를 제공하였는지를 살펴보아야 합니다. 구체적으로는,

① 임원 채용 또는 승진이 대표이사에 의하여 마치 직원채용과 같은 방식으로 이루어졌는지 여부

② 대표이사나 상급자에게 정기적으로 업무보고를 하고 구체적인 지시를 받았는지 여부

③ 해외법인장으로 현지법인을 운영하더라도 화상, 이메일 등으로 업무 보고를 하고, 구체적 · 세부적인 업무집행지시를 받았는지 여부

④ 임원승진과 관계없이 전부터 수행해오던 회사업무를 그대로 담당하고, 담당업무 수행에 대하여 정액 보수와 상여금을 지급받았는지 여부

⑤ 그 밖에 출 · 퇴근 시간, 휴가 등 회사의 규정을 준수하고, 인사 및 경비집행에 승인을 받았는지 여부 및 사회보험료를 원천징수하였는지 여부 등

의 조건을 확인함으로써 근로자성을 판단하게 됩니다.

사례의 퇴사한 이사에게 법정제수당과 퇴직금을 지급할 것인지 결정하려면, 위 기준에 따라 근로자인지 여부를 먼저 확인해야 합니다. 확인 결과, 회사의 관리감독에 따라 업무를 수행하여 왔다면 법이 정한 기준에 따라 퇴직금 및 제수당을 지급하되, 그렇지 않은 경우에는 별도의 금품청산은 하지 않아도 무방합니다.

정관, 임원 보수규정, 계약서 등을 통한 별도의 약정이 없는 한 회사가 임원에게 퇴직금을 지급할 의무가 없기 때문입니다. 회사에 따라 퇴직금이라는 이름으로 임원에게 전별금을 지급하는 경우가 있는데, 이는 재직 중의 직무집행에 대한 대가로 지급되는 약정된 보수로 법정퇴직금이 아닙니다.

한편, 임원을 해임할 때는 근로기준법상 근로자를 해고하는 것과 다르게 상법상 주주총회, 이사회 의결 또는 민법의 위임의 해지 조항에 따라 계약 당사자가 임원위임계약을 해지할 수 있습니다.

정글노동법

8 화

실제 근무 여부와 관계없이 매월 고정급을 지급한 사람들도 근로자?

Q 중견 토목회사 총무팀 주임입니다. 사업수주를 위해서 일정 숫자 이상의 공인 전문가를 고용해야 하는데, 사정상 작년부터 몇몇 전문가는 실제 근무 여부와 관계없이 급여를 지급하고 있습니다. 이 사람들과 계약종료 시에도 퇴직금을 지급해야 하나요?

사장님! 보고할 사항이
있어서 왔습니다!
지난번 장이사 건으로 제가 의문이
생겨서 조사를 좀 했는데요~.
제가 알아서
조사 좀 했습니다~.
사무실에 안 나오지만 고정급을 주는
자격사들 있지 않습니까!
저야
좀
부럽지만…
소곤
소곤
오! 그래! 그런 사람들 있지!
몇 명 있었던 것 같은데?
실제 근무하는 것도 아닌데, 이 사람들이
계약 끝날 때 퇴직금을 달라면 어쩌죠?
퇴직금이
얼마지~?
이런… 그게
가능한가? 속히
조사해봐!!
황당무계
하구만!
네! 사장님…
이거 세이브하면
저 보너스 좀?

A 법정 퇴직금이나 퇴직연금을 지급받으려면 해당 임직원이 근로기준법상 근로자에 해당되어야 합니다. 만약 근로자에 해당되지 않는다면 퇴직금 또는 퇴직연금 지급대상이 아니기 때문입니다. 따라서 다음의 8가지 항목들에 대해 구체적으로 해당 여부를 판단한 후 퇴직금 또는 퇴직연금 지급대상 여부를 결정해야 할 것입니다.

우선 대원칙은 근로자가 사업 또는 사업장에 임금을 목적으로 종속적인 관계에서 사용자에게 근로를 제공하였는지 여부에 따라 판단하는 것입니다.

여기서 말하는 종속적인 관계가 있는지 여부는 ① 업무 내용을 사용자가 정하고 취업규칙 또는 복무(인사)규정 등의 적용을 받으며, ② 업무 수행 과정에서 사용자가 상당한 지휘 · 감독을 하는지, ③ 사용자가 근무 시간과 근무 장소를 지정하고 근로자가 이에 구속을 받는지, ④ 노무제공자가 스스로 비품 · 원자재나 작업도구 등을 소유하거나 제3자를 고용하여 업무를 대행케 하는 등 독립하여 자신의 계산으로 사업을 영위할 수 있는지, ⑤ 노무 제공을 통한 이윤의 창출과 손실의 초래 등 위험을 스스로 안고 있는지와 보수의 성격이 근로 자체의 대상적 성격인지, ⑥ 기본급이나 고정급이 정하여졌는지 및 근로소득세의 원천징수 여부 등 보수에 관한 사항, ⑦ 근로 제공 관계의 계속성과 사용자에 대한 전속성의 유무와 그 정도, ⑧ 사회보장제도에 관한 법령에서 근로자로서 지위를 인정받는지 등의 경제적 · 사회적 여러 조건을 종합하여 판단하는 것을 의미합니다.

퇴직금 지급대상인지를 확정하려면 위 기준에 따라 회사와 계약한 전문가들이 근로자인지를 먼저 판단하여야 할 것입니다. 만약 근로자로서 최우선 의무인 근로를 제공하지 못하고 있다면, 그에 대한 적법한 이유가 있는지를 추가로 확인해야 합니다.

사례의 기업처럼 단순히 사업 운영을 하기 위해 법상 갖추어야 할 자격증이 필요하여 전문가를 선임한 경우에 해당된다면, 선임에 대한 대가로 지급한 것은 임금이 아닌 대여료라고 볼 수 있습니다. 해당 전문가들이 실제로 근로를 제공한 적이 없거나 회사의 취업규칙에 따라 근무한 것이 아니라면 근로기준법상 근로자에 해당되지 않으므로 퇴직금 또는 퇴직연금은 지급하지 않아도 될 것입니다.

한편, 국가기술자격증 대여 행위는 자격증 소유자의 정상적인 취업을 방해할 뿐만 아니라, 자격 없는 자가 난립해 근로 조건의 질을 떨어뜨리는 원인으로 지목되고 있습니다. 주로 건설 · 전기 · 환경 · 해양 · 소방 등 분야에서 불법 대여가 횡행하면서, 각종 산업 현장 및 건축 시설물에 부실 공사 및 산업재해 등 다양한 사회문제를 일으킬 수 있다는 지적도 제기되고 있습니다.

자격증 불법 대여 사실이 적발되면, 자격증을 빌려준 사람은 1년 이하의 징역 또는 1,000만 원 이하의 벌금에 처해질 수 있습니다. 국가기술자격법에 따라 해당 자격증은 취소되고, 국가기술자격 시험에 응시할 수 없게 됩니다. 또한 자격증을 빌린 업체와 대여를 알선한 사람도 함께 처벌되는데, 자격증을 대여받아 허위로 등록한 업체는 관련 사업법에 따라 행정처분(등록취소 등)과 형사처벌을 동시에 받게 되니, 소탐대실하는 우를 범하지 않도록 각별히 주의하기 바랍니다.

정글노동법

9화

관리·감독자와 일반 근로자는 어떻게 구분할 수 있을까요?

Q

중견 건설업체에서 인사총무를 담당하고 있는 실무자입니다. 근로기준법 개정에 따라 근로시간 단축 프로젝트를 진행하다가 관리·감독자는 근로시간 한도 규정을 적용받지 않는다는 사실을 알게 되었습니다. 임원 외에도 각 부서를 책임지는 본부장, 부장, 팀장들도 관리·감독자로 볼 수 있나요?

호주임, 근로자인지 임원인지
하는 문제도 헷갈리지만,
관리자와 직원도 좀 다른 거 아닌가?
그것도 구분하는 것 같던데?
예전부터 좀 궁금했지…
네. 아마 관리자급은 노동조합에
가입이 안된다고 들은 것 같습니다.
조본부장도 노조에
못 들어갔죠
그렇지! 그런 사람들이 근로자라면서
똑같이 누리겠다고 하면 곤란하지.
노조는 당연하구!
연봉부터 다르잖아!
혹시 팀장, 부장급 이상은 관리자,
그 아래는 직원 아닐까요?
使
팀·부장
勞
어허, 내가 대강대강 싫어하는 거 알지?
확실히 알아봐!
삐질
중차대한 문제야!
네넷! 분명히
알아보겠습니다.

A 노동관계법령에서는 '관리 · 감독업무에 종사하는 자'라는 개념을 따로 규정하여 관리하고 있습니다. 여기서 '관리 · 감독업무에 종사하는 자'라 함은 형식상 근로자 신분이지만, 실질적으로 근로조건의 결정 기타 노무관리에 있어서 경영자와 일체적인 지위에 있는 자를 말합니다.

이러한 '관리 · 감독업무에 종사하는 자'는 노동조합법상 사업주를 위하여 행동하는 사람일 경우가 많으므로, 상당수 노동조합이 이러한 관리 · 감독자 직급 전체에 대하여 조합 가입을 제한하고 있습니다.

또한 근로기준법상 적용 예외규정에 따라 근로시간, 휴게와 휴일에 관한 규정을 적용하지 않아도 문제가 되지 않기도 합니다. 1일 소정근로시간이나 주간 12시간 연장근로/월간 52시간 연장근로 한도의 적용을 받지 않으며, 휴게시간이나 유급휴일 등에 관한 보장대상에서도 제외될 수 있습니다.

회사에서 관리 · 감독자의 위치에 있다는 것은 상당한 직책과 권한, 금전적 보상을 받고 있다는 뜻이지만, 다른 한편으로는 법률상 보호를 받지 못하는 입장이라는 이중적인 지위에 있다고 할 수 있습니다.

따라서 고용노동부나 법원에서는 '관리 · 감독업무에 종사하는 자'에 대하여 형식상 지위나 직급 · 직책에 따라 일률적으로 구분을 하는 것이 아니라,

① 노무관리방침의 결정에 참여하거나 노무관리상의 지휘 · 감독 권한을 가지고 있는지 여부

② 출 · 퇴근 등에 있어서 엄격한 제한을 받는지 여부
③ 그 지위에 따른 특별수당을 받고 있는지 여부 등
을 종합적으로 검토하여 판단하도록 하고 있습니다.

사례의 건설회사 팀장, 부장이

① 사내 규정상 세부사업에 대한 계획 수립 및 연간 경영목표 수립 등에 대한 결정권을 일부 가지고 있고,
② 본인이 관리하는 직원에 대한 복무 등 노무관리상의 지휘 · 감독 권한을 가지고 있거나,
③ 일반 직원과 달리 출 · 퇴근 등에 있어서 엄격한 제한을 받지 않는 경우라면,

다른 조건에 일부 부족한 점이 있더라도 '경영자와 일체적인 지위에 있는 관리 · 감독자'로 인정될 수 있을 것입니다.

다만, 상당수 관리업무 담당자가 일부는 사업주를 위해 행동하고 또 일부는 근로자로서 역할을 하기 때문에 모든 직원들을 개별적으로 세분화하여 관리자인지 아닌지 정하는 것은 매우 어렵습니다.

따라서 단순히 직급이나 직책으로 이를 구분하는 것에 만족할 것이 아니라 명확한 책임과 권한에 따른 관리 · 감독자의 범위를 정해 두어, 임금, 근로시간 또는 노동조합 가입 등에 대한 분쟁이 발생하지 않도록 해야 합니다.

정글노동법
10화

기간제 사용기간 제한(2년)에도 예외가 있다

Q 기간제 근로자가 최대 사용기간인 만 2년이 초과되면 무조건 정규직이나 무기계약직이 되는 건가요? 예외적으로 계속해서 기간제 근로자로 사용할 수 있는 방법은 없나요?

이번 주까지 신소재 개발 프로젝트 진행상황 보고하고, 연구원 평가자료도 만들어주세요.
네. 프로젝트 건으로 뽑은 연구원들도 입사 3년이 다 되어 가네요.
오… 벌써 그렇게 됐나?
응? 그 친구들 계약직일 텐데… 2년을 넘겼다고?
그럼 자동적 정규직 고용을 해야 하는 거 아네요?
네!?
(당황)
근로계약기간을 프로젝트가 완료될 때까지로 하긴 했는데…
허둥 지둥
님이 월급 줄 거죠? 바람직한 책임지는 자세네! 응? 응?
헉! 좀 더 알아 보겠습니다.

A 아직도 상당수 기업들은 “2년을 초과하지 아니하는 범위 안에서 기간제 근로자를 사용할 수 있고, 2년을 초과하면 기간의 정함이 없는 근로계약을 체결한 근로자로 본다.”는 기간제법 제4조의 기본 규정만을 알고 있는 경우가 많습니다.

그러나 실제로 기간제법은 기업의 규모나 근로자의 근로시간 등 법에서 정한 합리적 사유가 있는 경우라면, 2년을 초과하여 기간제 근로자로 사용할 수 있습니다. 특히 재취업이 어려운 고령자나 고도의 능력을 필요로 하는 전문가, 전문자격사 및 계약 연봉이 전체 근로자의 상위권인 기간제 근로자 등에 대해서는 기간의 제한을 두고 있지 않습니다.

관련 법은 다양한 예외상황을 규정하고 있으나, 주요한 내용은 다음과 같습니다.

- 5인 미만 사업장에서 기간제 근로자를 사용하는 경우
- 소정근로시간이 뚜렷하게 짧은 단시간근로자를 사용하는 경우
  - 1주 15시간, 1월 60시간 미만 등
- 사업의 완료 또는 특정한 업무의 완성에 필요한 기간을 정하여 근로자를 사용하는 경우
  - 위탁사업, 건설공사, 특정 프로그램 개발, 프로젝트 완수 등을 계약기간으로 할 수 있음.
- 휴직 · 파견 등으로 결원이 발생하여 해당 근로자가 복귀할 때까지 그 업무를 대신할 필요가 있는 경우

- 고령자(55세 이상)와 기간제 근로계약을 체결하는 경우

- 전문적 지식 · 기술의 활용이 필요하여 기간제 근로계약을 체결하는 경우
  - 박사학위 소지자의 전공분야 업무 종사, 변호사 · 회계사 · 노무사 등 전문자격사 등

- 각종 연구기관에서 연구업무에 직접 종사하거나 연구업무를 지원하는 근로자를 채용하는 경우

- 최근 2년간 연평균 근로소득이 법에서 정한 기준 근로소득 상위 25%에 해당하는 근로자를 채용하는 경우
  - 고용형태별 근로실태조사의 한국표준직업분류 대분류 2 직업 기준

한편, 이와 같이 2년의 기간제한을 받지 않는 근로자의 경우 계약기간 만료가 해고가 아니기 때문에 별도의 통지 의무가 있는 것은 아닙니다. 다만, 인사관리 차원에서 사전에 계약기간이 종료됨을 알리고 제반사항을 정리하는 것이 바람직합니다.

위 섬유업체의 경우 해당 연구원들이 사업체 부설 민간 연구기관에서 연구업무에 종사하고 있거나, 특정 연구개발 프로젝트의 완수를 계약기간으로 하여 기간제 근로계약을 체결하였다면 기간의 제한 없이 기간제 고용관계를 유지할 수 있습니다.

정글노동법

11화

정년퇴직 후 계속해서 근무하는 근로자는 기간제 예외에 해당할까요?

Q 제조업체 인사 담당자입니다. 고령자와 기간제 근로계약을 체결하는 경우, 만 2년을 초과하여 기간제 근로관계를 유지할 수 있다고 알고 있습니다. 그렇다면 고령자 또는 정년 퇴직자와 매년 기간제 근로계약서만 작성하면 정규직 고용부담 없이 계속해서 기간제로 사용할 수 있나요?

회사 내에 연구원 말고
다른 계약직이 누가 있지?
응… 누가 있더라? 아 맞다!
OEM 생산라인에서 일하던 고리라씨!
나?
재작년 정년퇴직한 뒤 촉탁직으로
매년 계약을 하고 있습니다.
고씨도
퇴직 후에
돈 번다고
좋아하시고..
아, 그 양반. 정년퇴임식 기억나네.
정년퇴직 후 촉탁으로 일하는 건
기간제 문제는 없는거야?
고령자를 고용한 거라
문제 없지 않을까요?
그분이
설마 소송
하겠어요?
문제 생기면 이비가 대리가 총대 매는
거지? 그럼 파이팅하세요~~~ 응?
네 ㅜ.ㅜ
쫌!!

A 2007년 「기간제 및 단시간 근로자 보호 등에 관한 법률」(이하 「기간제법」)을 제정해 기간제에 대한 제도적 보호 규정이 도입되었습니다. 그런데 「기간제법」을 제정할 때, 고령자의 고용안정을 돕는다는 취지에서 고령자(만 55세 이상인 자)는 2년 넘게 고용해도 정규직 전환으로 간주하지 않는다는 예외규정을 두었습니다.

따라서 고령자가 2년 넘게 기간제로 고용된 경우에 「기간제법」상 예외규정에 해당하는 것이 원칙입니다. 다만, 이러한 경우라도 법원에서 기간제 근로자를 보호하기 위해 「기간제법」 제정 전부터 판례로 확립해 왔던 '갱신기대권'이 인정 · 유지되는 경우가 있습니다.

> '갱신기대권'이란 기간제 근로계약을 체결하였으나 근로자에게 계약이 갱신되리라는 정당한 기대권이 인정되는 경우 사용자가 '합리적 이유' 없이 계약갱신을 거절한다면 부당해고와 같이 아무런 효력이 없고, 이 경우 기간만료 후의 근로관계는 종전의 근로계약이 갱신된 것과 동일하다는 법원의 판례법리를 뜻합니다.

일반적으로 고령자의 기간제 근로계약 갱신으로 인한 다툼이 생기면, 계약의 내용과 함께 사업장 내에서 정한 정년의 의미 및 정년 이후에 기간제 근로계약을 체결하는 근로계약 당사자의 일반적인 의사 등을 모두 고려하게 됩니다.

특히, 정년 퇴직 후 기간제 근로계약을 체결한 경우,

① 해당 직무의 성격에 의하여 요구되는 직무수행 능력과 당해 근로자의 업무수행 적격성

② 연령에 따른 작업능률 저하나 위험성 증대의 정도

③ 해당 사업장에서 정년을 경과한 고령자가 근무하는 실태 및 계약이 갱신되어 온 사례

등을 종합적으로 고려하여 근로계약에 대한 갱신기대권이 인정되는지 여부를 판단하게 됩니다.

따라서 사례의 고리라씨처럼 사업장에서 정년퇴직한 근로자를 촉탁직으로 재고용하는 경우,

① 별다른 경과조치나 계약종료 절차 없이 장기간에 걸쳐 갱신이 반복되어 그 정한 기간이 단지 형식에 불과한 경우

② 근로계약이나 취업규칙, 단체협약 등에 기간만료에도 불구하고 일정한 요건을 충족하면 기간제 계약이 갱신된다는 취지의 규정을 두고 있는 경우

③ 위와 같은 규정이 없더라도 당사자 사이에 일정한 요건이 충족되면 근로계약이 갱신된다는 믿음이 형성된 경우

이러한 각 경우 근로계약 갱신거절은 계약기간만료에 의한 계약의 종결이 아니라 해고에 해당하며, 최악의 경우 해고의 정당성을 다투는 상황이 벌어지게 됨을 명심하고 규정이나 계약을 관리해야 할 것입니다.

정글노동법

12화

근로계약 vs.
위임(위탁·용역·프리랜서)계약 vs.
도급계약

Q 시내 중심가에서 소매점을 운영하는 사업자입니다. 새로 직원을 뽑고 있는데, 인원 관리나 경비처리 문제 때문에 사업소득세 3.3%만 원천징수하는 방식으로 임금을 지급하려고 합니다. 직원이 동의한 상황이니 그냥 진행해도 될까요?

장과장, 이번에 뽑은 직원은
용역계약을 하지?
그리고! 앞으론 3.3% 원천징수만 하는
용역이나 프리랜서 계약직만 뽑자고~!
네?
프리랜서요?
사장
하예노
어... 하는 일은 같은데,
누구는 근로계약, 누구는
프리랜서 계약... 괜찮을까요?
여태까지
백프로
근로계약서
썼는데…
이 동네 아웃도어 코너 사장이
그렇게 해도 된다던데?
여기 홍대 의류상가들
모두 그러는 것 같은데…
직원들도 보험료 안 빠진다고
좋아한다고 하더라구.
누이 좋고
매부 좋고
그럼 원하는 사람만 그렇게
하면 어떨까요? 혹시 모르니...
뭐래? 앞으로 통일해!
우리의 소원은 뭐??

A 근로자, 고용인, 프리랜서, 용역, 개인사업자, 도급업자 등 사용자와 계약을 맺는 형태는 매우 다양합니다. 대체로 회사가 요구하는 일을 처리하고 그 대가를 받는다는 구조는 유사합니다만, 각각의 계약형태에 따라 보호대상과 적용되는 법률의 범위가 크게 달라집니다.

- **근로계약**

근로자가 사용자에게 근로를 제공하고 사용자는 이에 대하여 임금을 지급함을 목적으로 체결된 계약으로, 근로자는 근로기준법 및 관계법령의 보호를 받습니다.

- **고용계약**

서로 대등한 당사자 일방이 상대방에 대하여 노무를 제공할 것을 목적으로 체결된 계약으로 근로계약과는 달리 사용-종속관계를 전제하지 않아 민법의 규율을 받습니다.

- **위임계약**

국가나 단체의 위탁업무 수행이나 법률전문가에게 위임하는 업무의 처리 등 위임인이 위임사무를 처리함을 목적으로 당사자 사이에 체결된 계약으로, 역시 민법이 적용됩니다.

- **도급계약**

민법상 당사자 일방이 어느 일의 완성을 약정하고 상대방이 그 일의 결과에 대하여 보수를 지급할 것을 약정한 계약으로, 용역계약이라고도 합니다.

근로자는 근로계약을 체결하게 되며, 프리랜서나 개인사업자는 고용계약이나 위임계약을 체결하는 것이 일반적입니다. 경우에 따라서 일의 내용상 사업자 간의 계약형태가 필요할 때에는 도급계약을 하게 됩니다.

다만, 근로자성을 다투는 분쟁이 발생한 경우 근로, 고용, 도급 등 계약의 형식이 중요한 것이 아니며, 그 실질에 있어 근로자가 사업 또는 사업장에 임금을 목적으로 '종속적인 관계'에서 사용자에게 근로를 제공하였는지 여부에 따라 판단하게 됩니다.

사례의 사업장처럼 새로 고용하는 직원이 기존의 근로자들과 마찬가지로 사업주의 지배 · 관리 아래서 종속적으로 근무를 하게 된다면, 형식상 용역이나 프리랜서 계약을 체결하고 사업소득세를 원천징수한다 하더라도 실질적으로는 근로자가 되므로 계약에 신중을 기해야 합니다.

정글노동법

13화

근로계약서에 빠져서는 안될 사항

Q 인사노무와 계약관계는 잘 모르는 영업담당 직원입니다. 갑자기 사장님이 회사에서 쓸 근로계약서 양식을 만들어 오라고 하는데 어떻게 하면 좋을까요?

요즘 샌드백 두드리길 쉬었더니 몸이 찌뿌둥하구만.
요즘 시절이 어수선하니 우리도 근로 계약서 같은 거 좀 만들어볼까?
네네? 언제부터 거기…?
화들짝!
네. 주변에 근로계약서 안 쓰거나 잘못 썼다가 신고당한 업체가 꽤 있더라구요.
우리도 미루지 말고 작성하죠?
제것부터…
음…그럼 우대리가 좋은 샘플 구해서 하나 만들어봐.
어버버..
네? 저는 해외영업 담당 인데 제가 어떻게…
으앙…
관리부도 따로 없는데 자네가 그 정돈 해~!
이번 주까지 깔끔하게 만들어 와~!
갑질 쩔어…

A 최근에는 정부기관의 적극적인 홍보와 지속적인 지도 · 점검 등에 힘입어 대부분의 기업이 채용 시 근로계약서를 작성하여 교부하고 있으나, 여전히 법률적인 검토 없이 주변 사업장에서 양식을 구해 적당히 고쳐 사용하는 경우도 많은 것이 사실입니다.

그러나 모든 서류의 목적이 유사 시에 판단기준으로 활용된다는 면에서 근로계약서의 작성 또한 우습게 볼 것이 아닙니다. 법이 강제해서가 아니라 근로계약기간 내 그리고 계약기간 만료 후의 노사관계의 법적 판단기준이 된다는 점에서 사업주와 근로자 모두 계약서 작성뿐만 아니라 그 내용에도 관심을 가져야 합니다.

근로기준법의 규정에 따라 근로계약서를 작성할 때, 다음과 같은 사항은 필수적으로 기재해야 합니다.

항 목	내 용
당사자	당사자인 사업주와 근로자의 기본 정보 및 날인 · 서명
근로계약기간	정규직은 입사일, 기간제는 입사일과 계약기간 종료일 기재
담당업무	입사 후 담당할 직무를 기재하되 포괄적 범위로 기재도 가능(사무직, 영업직, 기술직 등)
근무장소	특정 장소가 있는 경우에는 그 장소를, 특정되지 않은 경우는 사용자의 사업장으로 기재
소정근로시간, 휴게시간 및 소정근로일	업무 시작 · 종료시각과 휴게시간, 근무일을 정확하게 기재
유급휴일	유급휴일에 대한 규정으로 실무상 주휴일 기재
임금의 구성항목과 계산방법 및 지급방법	반드시 기본급 및 각 수당별 계산방법, 지급방법 및 지급일을 기재
연차유급휴가	연차유급휴가 부여 조건 및 일수 기재

항목	내 용
퇴직급여	적용되는 퇴직급여의 종류 및 지급대상 기재
기타(근로기준법상 필수 기재사항 아님)	손해배상 및 비밀유지의무 · 퇴직절차 · 계약해지 또는 징계관련 사항 기재

이러한 필수 또는 중요 사항을 포함한 근로계약서 2부를 작성하여 노사가 각각 1부씩 보관하여야 하는데, 이 교부의무를 위반하면 사업주가 형사처벌(2백만 원 이하 벌금)을 받게 되므로 유의하여야 합니다.

참고로 근로계약서에 포함되어서는 안되는 사항도 있는데 대표적인 것으로는 손해배상액 예정, 빌려준 돈과 임금의 상계, 강제 저금 등이 있습니다.

정글노동법
14화

이메일로 근로계약서를 작성·교부할 수 있을까요?

Q 근로계약서 작성 건으로 문의드렸던 무역업체 영업담당 직원입니다. 근로계약서 양식은 간신히 준비했는데, 사장님이 계약서를 이메일로 일괄 교부하라고 합니다. 계약서를 서면으로 나누어주지 않아도 괜찮을까요?

사장님, 고용노동부 표준계약서를 갖고 계약서 만들어 봤습니다.
수고했어, 우루바 대리. 이거 그대로 쓰면 되는 거지?
그런데 이거 일일이 사람들을 사무실로 불러서 계약서를 쓰기도 그렇고…
귀찮 귀찮
네… 그건 그렇죠
해외 출장 나가 있는 팀도 있잖아. 한 번에 정리할 방법 없나?
글쎄요. 고용노동부 표준계약서인데, 서면으로 작성해서 보관해야 한다던데.
뭐 그리 빡빡하게 해! 메일로 좌악~ 보내고 받는 걸로 하자구.
그래도 괜찮을까요?
21세기 최첨단 시대에 안되면 그게 문제지!
아 거참! 이거 성질 나오네
온라인! 언택트!
아…그래도… 그게…법이…

A 정보기술의 발달과 네트워크의 확대에 따라 휴대기기를 활용한 일상업무 관리, 사내 인트라넷 활용이나 이메일을 이용한 업무 처리 등은 자연스러운 사업장의 풍경이 되었습니다. 근로계약에 있어서도 최근 전자 근로계약서가 일부 업종에 도입되면서 계약 자체가 온라인으로 이동하는 양상을 띄기도 하였습니다.

그러나 이와 같이 온라인으로 계약 자체를 옮기는 경우를 제외하면 여전히 대부분의 기업들은 서면 계약서를 체결하고 있습니다. 그런데, 서면으로 근로계약서를 작성 · 체결하는 경우 근로계약서의 교부에 이메일을 사용하는 것이 가능한지가 문제될 수 있습니다.

관련하여 고용노동부와 사법부는 "'서면'이란 종이로 된 문서를 의미하고 근로기준법의 규정에 따라 근로계약서의 교부는 종이로 된 문서로 하는 것을 원칙으로 하되, 전자문서는 회사가 전자결재 체계를 완비하여 전자문서로 모든 업무를 기안, 결재, 시행과정을 관리하는 경우 예외적으로 가능하다."고 보고 있습니다.

따라서 원칙적으로 근로계약서의 작성 및 교부는 서면으로 이루어져야 합니다. 다만, 예외적으로 전자결재 체계를 완비해 모든 업무를 이러한 전자결재 체계를 통해 진행하는 사업장이, 이 체계를 통하여 근로계약서를 교부하고 당사자가 전자서명이나 결제를 통하여 이를 확인한 경우에는 근로계약서의 이메일 교부를 인정받을 수 있을 것입니다.

사례의 사업장도 별도의 완결된 전자결재 체계를 완비한 기업이 아닌 것으로 보입니다. 따라서 개별 직원들과 협의를 통해 근로계약서를 '서면'으로 작성하여 근로자의 '친필 서명' 후 교부해야 합니다.

다툼을 예방하기 위해서라도 근로계약서의 작성, 임금의 지급, 휴일 및 휴가 관리 등 핵심적인 인사노무 관리는 최대한 보수적인 입장에서 진행하기 바랍니다.

정글노동법

15화

직원을 채용할 때 받아 두어야 할 입사서류

Q 무역회사에서 총무업무를 돕고 있습니다. 최근에 근로계약서를 새로 마련하였는데, 그 밖에 필수적으로 준비해야 할 서류들이 무엇인지 궁금합니다. 현재는 입사자와 근로계약서를 작성하고, 급여지급, 4대 보험 관리를 위한 서류(주민등록등본, 급여통장 사본 등)를 받고 있습니다.

우루바 대리, 이번 신입들과 근로계약은 다 마무리했나?
일단 근로계약서는 저번에 새로 만든 양식으로 마무리했고요.
2부 작성해서 1부는 나눠줘야 한다고 해서 총무팀으로 가보라고는 했습니다.
아마 곧 올텐데… 사장님께 인사 시킬까요?
근로계약서만 써서 보관하면 되는 거야? 더 필요한 건 없대?
주민등록등본 사본, 주거래 은행 계좌 통장사본 갖고 오라고 했구요…
이 정도는 기본?
계약서 쓰고, 4대 보험 들어주고, 월급 통장에 돈 넣어주면 딴 건 신경 안 써도 되겠지?
• 계약서
• 4대보험
• 월급통장
아마 그렇겠죠?
우대리 이렇게 일 희미하게 할 거야?
그러니까 저는 총무팀이 아니라…

A 직원을 새로 채용하는 경우 근로조건을 담은 근로계약서는 반드시 작성해야 하지만, 그 밖에도 각종 서약서나 동의서, 확인서 등 의무적으로 작성이 필요하거나, 사업 종류에 따라서 작성해 두는 것이 좋은 서류들이 있습니다.

이 가운데 필수적으로 작성해 두어야 하는 서류는 다음과 같으니, 사례의 우루바 대리도 신입사원들에게 관련 서류를 꼭 받아 두어야 하겠습니다.

• 연장근로 합의서

회사의 필요로 직원에게 연장근로(야근)를 지시할 경우에도, 원칙적으로 당사자의 동의가 필요합니다. 해당 동의는 입사 시 작성하는 근로계약서에 포함하여 작성할 수 있습니다.

• 야간 및 휴일근로 동의서

연장근로와 마찬가지로 직원에게 야간 및 휴일근로를 지시할 경우 당사자의 동의가 필요하며, 역시 근로계약서에 포함하여 작성할 수 있습니다.

• 개인정보 제공 및 이용 동의서 (개인정보 보호법 제15~18조 및 제23~24조)

회사가 채용 및 고용유지를 위하여 주민등록번호나 전화번호, 주소 및 기타 개인정보를 사용하기 위해서는 직원의 명시적 동의가 있어야 합니다.

• 기타 채용관련 서류

주민등록등본(사회보험 및 세금 납부를 위한 개인고유정보 확인), 금융계좌 사본(급여 및 기타금품 지급), 인사기록카드(근로자 정보 관리를 위한 직원명부 작성) 등

한편 작성하지 않더라도 위법은 아니지만, 인사노무 관리나 업종의 특성상 갖추어 두는 것이 필요한 서류들도 있습니다.

• 복무 서약서

입사 후 직원으로서 지켜야 할 회사의 복무규칙 및 준수사항에 대하여 미리 받아 둘 수 있습니다. 향후 인사규정 위반에 대한 분쟁이 발생하는 경우 '규칙'을 준수하는 것에 회사와 직원이 모두 동의했다는 근거로 사용합니다.

• 영업비밀유지 및 전직금지 서약서

첨단기술이나 특허 또는 업무상의 영업비밀을 취급하는 담당자에게, 영업상 이익을 침해하는 행위의 금지 또는 예방을 위한 서약서를 작성해 둡니다. 기술분야에 대한 정보뿐만 아니라, 재직 중 알게 된 고객의 정보, 영업상 거래처 정보 등 다양한 정보가 이에 해당합니다.

정글노동법

16 화

모집 및 채용 시 유의할 점

Q 의류매장 운영 담당자인데, 판매를 담당하던 직원이 그만두게 되어 새로 모집을 하려고 합니다. 최근 채용을 공정하게 해야 한다는 소리를 많이 듣게 되는데, 어떤 근거와 절차를 통해야 공정한 채용이 되는 걸까요?

사장님, 저녁근무 고여사님이 다음 주까지만 일하고 그만두신답니다.
아오, 사람 뽑기 힘든데, 그 양반은 왜 또~!
쩝... 알바천당에 구인 공고 올려놔. 근로조건은 고여사랑 같은 조건으로.
왜일까요? 한번 생각해보시지…
사장 하예노
네. 그런데 채용공고 손 좀 봐야 하지 않을까요? 몇 년째 조건만 살짝 바꿔서 쓰고 있는데...
저도 바쁘기도 하고…
아니, 월급, 근무일, 근무시간, 휴가 뭐 그런 거 공고하면 되는 거잖아?
문제 있어?
아... 그게요...글쎄요... 알바천당 들어가 보니 노동부 캠페인 팝업이 뜨던데요...
'구인공고 게시할 때 주의할 점'
꽤 복잡하던데..
말이 짧네 장과장?
어차피 올 사람은 오고, 안 올 사람은 안 온다공!
너무 자세히 적어놔도 안 뽑혀!

A 노동관련 법령을 보면, 근로기준법은 노사관계가 성립된 시점을 기준으로 근로자를 보호하고 있기 때문에 구인단계 또는 채용과정에서 발생하는 불합리나 부정은 따로 법률을 두어 보호하고 있습니다.

모집 · 채용에서 지켜야 할 대원칙은 '성, 나이, 학력, 용모, 지역, 재산 등' 능력 외 조건을 이유로 차별을 해서는 안된다는 것입니다. 정부와 국회는 여러가지 관련 법률을 제정하여 이 원칙이 유지될 수 있도록 하고 있습니다.

공정한 채용절차는 절차가 시작되는 모집단계, 구체적으로 채용절차가 진행되는 응시 · 채용단계, 그리고 채용이 확정되어 입사 준비가 시작되는 채용확정 단계로 구분할 수 있으며, 사례의 하예노 사장이 각각의 단계에서 유의해야 할 사항은 다음과 같습니다.

• 모집단계

회사는 채용을 가장하여 아이디어를 수집하거나 사업장을 홍보하기 위한 목적 등으로 거짓의 채용광고를 해서는 안됩니다. 그리고 필요에 따라서 모집요건을 변경할 수는 있을 것이나, 정당한 사유 없이 채용광고의 내용을 구직자에게 불리하게 변경할 수 없습니다. 이는 채용 후에 직원의 근로조건을 일방적으로 저하시킬 수 없는 것과 마찬가지입니다.

또한 회사는 구직자가 요청하는 경우 채용서류를 반환해야 하므로, 이러한 사실을 모집 또는 채용과정에서 공지해 두어야 합니다.

• 응시 · 채용단계

구직자에게 직무수행과 무관한 개인정보를 기초심사자료에 기재하도록 요구하거나 입증자료로 제출하게 해서는 안됩니다. 직무수행과 무관한 주요 개인정보로는 구직자의 용모 · 키 · 체중 등 신체적 조건과 출신 지역과 혼인 여부 · 재산, 직계 가족의 학력 · 직업 · 재산 등이 있습니다.

면접도 채용단계의 일부이므로 구직자를 면접하는 과정에서도 동일한 원칙을 적용하는 것이 다툼을 방지하는데 도움이 됩니다.

아울러 채용에 관하여 구직자에게 법령을 위반하여 부당한 청탁, 압력, 강요 등의 행위를 하거나 금품이나 향응을 제공하는 경우에는 관련자들에게 과태료를 부과하고 있습니다.

• 채용 확정단계

채용서류를 홈페이지 또는 전자우편으로 받거나 구직자가 자발적으로 제출한 경우를 제외하고는, 모집단계에서 탈락한 구직자가 제출한 채용관련 서류의 반환을 요청하는 경우 이를 즉시 반환해야 합니다.

회사는 채용절차가 완료된 날로부터 180일까지는 구인자들이 제출한 관련 서류들을 보관하여야 하며, 해당 기간이 지난 뒤 개인정보 보호를 위하여 보관하고 있던 서류들을 즉시 파기해야 합니다.

정글노동법

17화

퇴근 후 유튜브 활동을 하는 것이 문제가 되나요?

Q

섬유 원자재를 생산·공급하는 회사를 운영하고 있는 사업주입니다. 평일 저녁이나 주말을 이용하여 유튜브나 트위치 등에서 방송을 하는 크리에이터로 활동하는 직원이 있습니다. 아무래도 업무에 지장이 있을 것 같아 이를 못하도록 막으려고 하는데, 문제가 될까요?

오늘 내내 연구소 쪽이
왜 이렇게 시끌벅적 해?
개발팀 고라니 대리가 주말에 인터넷에
올린 동영상이 엄청 인기인가 봐요.
뭐? 그 친구는 하라는 일은
안하고 뭔 동영상을 올려요?
주말마다 취미생활 하는걸
찍어서 올리는 모양이더라구요.
추천을 많이 받으면 돈도 벌수 있다고 하던데…
너튜브 실버?
주말에도 그렇게 일하면 회사 나와서
일하는데 지장 있는 거 아냐?
아니지 혹시 회사에서도 동영상
올릴 생각만 하고 있을지도 모르겠네.
주중엔 내 방에 와서 좀 찍으라고
해요~ 피바람편~. 재미있겠네.
겸직금지 모르나?
아니 뭐 주말에
하는 걸 갖고…

A 여러 가지 형태의 근로관계가 등장하여 근로시간이 다양해지고 월급 외에 추가수익을 원하는 근로자가 늘어나면서, 소위 '투잡', '쓰리잡'을 생업으로 삼는 경우를 종종 볼 수 있습니다.

반면에 기업 입장에서는 직원이 제대로 휴식을 취하지 않아 주어진 업무에 충실하지 못할 것이 염려되고, 심지어는 업무시간에 개인적인 일을 하는 경우도 발생할 수 있어 이를 제한하는 경우가 많습니다.

제한의 방법으로는 취업규칙이나 기타 인사규정을 통해 '회사가 승인하지 않은 (영리를 목적으로 하는)겸직을 금지'하거나, 서약서를 작성하여 재직 중 또는 퇴직 후라도 일정 기간 동안 '동종업종의 사업을 할 수 없도록 하는 경업금지'가 있습니다.

그러나 원칙적으로 헌법 제15조가 직업선택의 자유를 보장하고 있기 때문에 회사는 직원의 '투잡'을 무조건 금지할 수는 없으며, 앞서 말한 것처럼 겸업 때문에 회사가 요구하는 수준의 근로를 제공하지 못할 경우 이에 대하여 충실의무 위반으로 문제를 제기하는 것은 가능합니다.

법원은 겸직의무에 대하여 "재직 중인 근로자가 다른 사업을 겸직하는 것만으로는 징계사유가 될 수 없으나, (겸직을 원인으로)지각과 조퇴횟수가 많고 근태관리에 비협조적이었다면 징계사유가 인정된다."고 판단하고 있습니다.

따라서 회사에 재직 중인 근로자가 업무에 지장을 주지 않는 범위 내에서 다른 사업을 겸직하는 것은 근로자의 개인능력에 따른 사생활의 범주에 속하는 것이므로, 기업질서나 노무제공에 지장이 없는 겸직까지 전면적 · 포괄적으로 금지하는 것은 부당하다고 볼 수 있습니다.

한편, 교육부는 지난 2019년 4월 교육활동에 대한 유튜브 활동은 장려하고 취미로 하는 유튜브 활동 역시 규제하지 않기로 했으며, 건전한 유튜브 활동을 위해 관련 복무지침을 마련하여 시행할 방침이라고 밝혔습니다. 현행 규정의 해석상 교육공무원인 교사의 유튜브 활동은 학교장 허가만 있다면 얼마든지 가능하기 때문입니다.

사례의 경우, 업무시간에 사업주의 허가를 받지 않은 방송을 하거나 콘텐츠 제작 · 생산 때문에 회사 업무에 지장을 준다면 해당 직원의 겸직을 금지할 수 있겠으나, 고라니 대리처럼 근로시간 외에 크리에이터로 활동을 하고 있다는 것만으로 징계나 활동을 금지 하기는 어려울 것입니다.

정글노동법

18화

입사 확정 후에 채용을 취소할 수 있을까요?

Q 중소 제조업체 영업담당이지만, 잡다한 인사총무 일도 함께 맡고 있는 직원입니다. 회사에 면접까지 마치고 입사를 확정한 인턴들이 있는데, 사장님이 갑자기 인턴을 채용하지 말라고 합니다. 그대로 채용 내정 취소통보를 해도 문제가 없는 걸까요?

일본시장은 아직도
꽉 막혀 있나?
네. 알게 모르게
주문이 줄었네요.
흐음… 중국 시장도 그렇고…
올 하반기는 만만치 않겠는데.
일단 비용을
좀 줄여야
할 것 같은데…
다음 달부터 출근할 연구소 인턴들,
채용 취소 한번 검토해봐!
아무리 인턴이라도 담달 1일부터
출근하라고 통보했는데…
괜찮을까요…?
아직 정식 출근한 것도 아니고.
근로계약도 아직 안 했다며?
그거야 첫 출근하는 날
작성할 거라 그렇지만…
응~ 애들 월급은 이
대리가 책임질 거구?

A 일부 회사들은 근로자 채용 이후 바로 출근을 시키지 않고 일정 기간 유예를 두었다가 정식발령을 하는 채용내정이라는 고용기간을 두고 있습니다.

채용내정은 기업 입장에서 비교적 빠른 시기에 인력을 확보하면서도 근로계약에 따른 권리와 의무를 유보하는 특징을 가지고 있습니다.

채용내정은 근로관계를 성립시키는 과정이기는 하나 확정통지로부터 입사일까지의 기간이 너무 길거나 또는 후일 내정이 취소될 경우 그 내정자는 다른 기업에 취업할 수 있는 기회를 놓치게 되어 이에 따른 불이익이 발생하며, 반대로 해당 기간 중 내정자가 다른 곳으로 취업을 하게 되면 기업은 새로 채용절차를 진행해야 하는 문제가 생길 수 있습니다.

사례와 같이 회사가 일방적으로 내정을 취소하는 경우 이는 법률 위반으로 볼 가능성이 높습니다. 회사가 최종합격을 통보해줌으로써 내정자와 회사 사이에는 근로계약관계가 유효하게 성립된 것으로, 그 후 회사가 내정자에게 신규채용의 취소통보를 하게 되면 이는 실질적으로 해고에 해당하기 때문입니다.

따라서 회사가 채용하기로 내정한 인턴들의 신규채용을 취소할 때에는 정당한 사유가 있어야 할 것이며, 단순히 경기가 나빠질 것 같다는 사수자 사장의 생각만으로 채용을 취소하는 것은 정당한 해고사유로 보기 어렵습니다.

다만, 채용내정 상태인 근로자는 '수습 중인 근로자'와 마찬가지로 해고 관련 분쟁 시 재직 중인 직원들과 비교하여 해고의 정당한 사유를 좀 더 폭넓게 인정해주고 있으며, 입사 전 근로조건 협상 과정에서 회사와 내정자가 이견을 좁히지 못해 협상이 결렬된 것은 채용취소로 보지 않습니다.

참고로 노동법상 '인턴'이라는 고용형태는 존재하지 않으며, 회사가 기간제 교육과정에 참가한 실습생 · 산학협력과정에 참가한 학생을 비롯하여 수습기간 중인 직원이나 기간제 · 단시간근로자 등을 편의에 따라 '인턴'이라는 이름으로 부르고 있다는 점도 기억해 두기 바랍니다.

정글노동법 19화

최초 약정한 수습기간을 회사가 일방적으로 연장할 수 있나요?

Q 섬유 원자재를 생산·판매하는 중소기업에서 문의를 드립니다. 회사에서 직원을 채용할 때 3개월의 수습기간을 두고 있습니다. 올해 채용한 직원들도 같은 수습기간을 거쳤는데요, 혹시 3개월이 지난 후에 추가로 수습기간을 연장할 수 있을까요?

사장님, 전에 뽑았던 인턴들 수습기간이 다 되었습니다.
벌써 3개월이? 그때 입사 취소 건으로 곤욕 좀 치렀지…
그러게 안 될 것 같은 일은 하지 마세요…
그런데, 올해 친구들은 영… 좀 더 살펴봐야 옥석을 가릴 것 같은데…
수습기간을 한두 어 달 연장하자고. 총무팀장에게 그렇게 전해.
깔쌈한 친구들이 없어…
네?
인턴들이 받아들일까요?
전 영업부라고요… 왜 맨날 인사업무를 제게…
안 받아들이면 이 대리가 감봉 받아들이는 거죠? 그쵸?
아니 그게 왜 또…

A 결론부터 말하자면, 회사측의 일방적인 연장은 법적으로 문제될 가능성이 높고, 취업규칙이나 인사규정에 근거가 있고 근로자의 동의를 받는 등 연장에 합리적인 이유가 있는 경우에만 유효합니다.

또한 수습기간 종료 후 근로계약 해지에 대해서는 일반적인 해고와 마찬가지로 정당한 이유와 절차적인 요건을 갖추어야 합니다.

• 수습의 의미

국어사전에 따르면 "수습"이란, 학업이나 실무 따위를 배워 익히는 것을 말합니다. 채용에 이를 적용하면, 회사에서 요구하는 업무를 실제로 익히고 이를 체득하는 것으로 볼 수 있겠으나, 기업의 사용방식을 살펴보면 사전적 의미의 수습제도 이외에도 정식계약 체결 전 시험적으로 사용하는 시용(試用)기간의 의미로 수습 기간을 두는 경우도 있습니다.

• 수습의 범위

근로기준법 등 법률에는 수습기간에 대한 제한 규정은 없지만, 실무적으로 기업의 근로계약을 분석해보면 대체로 3개월을 수습기간으로 두고 있는 경우가 많습니다.

수습기간은 업무에 적응하고 습득하는 기간이므로 지나치게 길 경우 위법의 소지는 있습니다. 수습기간은 업무의 특성과 난이도, 사업장의 사정, 근로자의 수준 등을 고려하여 상식적인 선에서 합리적으로 정해야 합니다.

예를 들어 수습기간을 6개월, 12개월로 할 경우 당사자는 물론 제3자가 보기에도 납득할 만한 근거가 있어야 이 기간을 합리적으로 볼 수 있을 것입니다.

• 수습기간의 연장

원칙적으로 수습기간을 연장하는 것은 가능합니다. 그러나 다른 특별한 사정이 없는 한 수습기간을 연장하기 위해서는 반드시 근로자의 동의가 있어야 합니다. 수습기간을 연장하는 것이 근로자의 법적 지위에 중대한 영향을 미치고, 근로계약의 중요한 일부를 변경하는 것이 되기 때문입니다.

• 수습기간 만료에 따른 계약해지

수습기간 종료에 따른 계약해지도 해고에 해당하고 해고에는 '정당한 사유'가 있어야 한다는 원칙이 적용되므로, 단지 수습기간이 종료되었다는 이유만으로 특별한 사유 없이 근로계약을 해지하는 경우에는 부당해고가 될 수 있습니다. 다만, 수습기간 중 계약해지의 경우 일반적인 해고보다는 다소 넓은 기준으로 정당성 여부를 판단하고 있습니다.

일반적으로 잦은 지각 및 결근, 근무태만, 사내 위화감 조장 등이 정당한 사유로 인정되나, 회사가 자주 언급하는 업무능력 부족은 객관적 평가 지표가 있지 않는 한 다툼의 원인이 되는 경우가 많습니다.

사례의 경우도 인턴들의 동의를 받아 합리적인 기간동안 수습을 연장하는 경우라야 적법한 기간연장이 되니, 제도 운영에 주의하기 바랍니다.

사수자 사장(49세)

100여 명이 다니는
섬유 원자재 제조 회사인
'주식회사 비단' 사장님

맺고 끊는 것이 분명하고, 비아냥거리거나 빈정거리는 것도 잘함. 시아버지로부터 사업을 물려받았음.

남편이 범경 사장
취미: 뮤지컬 감상

이비가 대리(28세)

'주식회사 비단' 영업팀 대리

이 회사에 5년째 다니고 있다.
착하고 순한 편

취미: 유튜브 보기, 영화 보기

Jungle labor law character

정글노동법
Jungle labor law

PART 2

임금과 퇴직금

정글노동법

20화

새로 채용한 직원이 배우자 명의 계좌로 급여 입금을 요청하는 경우

Q 작은 무역회사를 운영하는 사업주입니다. 최근 채용한 직원이 신용불량자라고 해서 본인 명의 통장으로 돈을 받을 수 없다며, 부인 명의 은행계좌로 급여이체를 해달라고 하는데 별문제 없겠죠?

사장님, 이번에 들어온 해외영업부
캥걸훈 과장이 신용불량자라네요.
음. 면접 때 자기 사정을
구구절절 얘기하더군.
캥과장이 부인 명의 계좌로
월급을 입금해 달라는데, 어쩌죠?
그거 그렇게 해도 별문제 없을까?
나중에 딴소리하는 인간들이 많아서...
경력자니 일만 잘하면 되지 않을까요?
자금 쪽에는 가까이 못하게 하고요…
오, 캥과장 건으로 문제 생기면
우대리 월급에서 까면 되나?
그...그건...

A 소규모 사업체를 운영하다 보면 의외로 이와 같은 사례를 자주 접하게 됩니다. 심지어는 본인 명의로 근로계약도 할 수 없는 처지이니 배우자나 제3자 명의로 근로계약을 하고 사회보험에 가입하게 해 달라는 경우도 있습니다.

그러나 근로기준법에서 임금은 근로자 본인에게 지급되어야 하며 예외를 허용하지 않기 때문에, 신용불량자나 미성년자 등 어떠한 경우에 있어서도 급여는 무조건 근로자 본인에게 직접 지급하는 것을 원칙으로 해야 합니다.

미성년 근로자의 부모 또는 법정 대리인에게 급여를 지급하거나 근로자가 요구하는 제3자에게 대신 임금을 받아가도록 하는 것은 모두 무효인 법률행위로, 차후 문제가 될 수 있습니다.

개인적 채무관계로 인하여 급여를 직접 받기 어려운 근로자 입장에서는 근로의 대가를 받는 것인데 제3자에게 임금을 지급하는 편의 정도는 해 줄 수 있는 것 아니냐라고 생각할 수 있겠으나, 법의 취지가 임금이 확실하게 근로자에게 들어가게 하여 생활을 보호하고자 하는데 있고 분쟁이 생겼을 때 모든 위험부담을 회사가 떠안게 된다는 것을 생각하면 쉽게 볼 문제가 아닙니다.

따라서 사례의 캥걸훈 과장처럼 신용불량자로서 급여가 통장에 입금되면 압류될 가능성이 있다거나 계좌 개설 자체가 제한을 받는 등 개인적인 사유가 있을 경우에는, 현금으로 근로자에게 직접 지급하면서 임금대장에

급여수령에 대한 서명 날인을 받아 두는 것이 좋습니다.

한편, 임금 근로자의 최저 생계를 보장하기 위해 일정 금액 이하의 임금은 압류할 수 없도록 법에서 보호하고 있으므로, 해당 범위 내에서 근로계약을 체결하고 급여를 지급하는 방법도 고려할 수 있습니다.

❶ 급료 · 연금 · 봉급 · 상여금 · 퇴직연금, 그 밖에 이와 비슷한 성질을 가진 급여채권의 2분의 1에 해당하는 금액은 압류하지 못합니다.

❷ 2분의 1에 해당하는 금액이 월 185만 원에 미치지 못하는 경우에는, 185만 원을 압류금지 금액으로 합니다.

❸ 급여채권의 2분의 1에 해당하는 금액이 월 300만 원을 초과하는 경우에는 [월 300만 원 + (월 급여채권액의 1/2 – 월 300만 원) × 1/2]을 압류금지 금액으로 합니다.

급여채권	압류금지 금액
월 185만 원 이하	압류할 수 없음.
월 185만 원 초과 월 370만 원	월 185만 원
월 370만 원 초과 월 600만 원	월 급여채권액×1/2
월 600만 원 초과	월 300만 원+{(월 급여채권액×1/2)–월 300만 원}×1/2

정글노동법

21화

월급을 매월 날짜를 바꿔가며 지급할 수 있나요?

Q 최근 해외 거래처에서 결제대금이 제대로 들어오지 않아 고민하고 있는 무역업체 담당자입니다. 사장님이 회사의 자금 사정에 따라 월급 지급일을 유동적으로 할 수 있는지 알아보라고 하는데, 방법이 있을까요?

사장님, 중국 거래처에서
또 연락도 안 받아요.
우리 대금결제 어떻게 하죠?
이번 주에 물품 결제에
월급날까지 끼어 있는데 큰일이네.
쩝…
월급 지급은 다음 주로 미뤄야겠어.
그렇게 할 수 있지?
네에?!
와~!
생각 오지고!
그게… 직원들 불만이 이만저만
아닐 텐데. 법 위반은 아닌지…
회사 사정에 따라 월급날 기준 3~5일
사이에 월급일을 바꿀 수 있다고 하면
안되나?
월급날
3일
5일
그게…
자율출근제처럼
자율월급제?
그렇게 하는 회사
못 들어봤는데.
째릿~!
그…그래도 한번
알아보겠습니다.

A 코로나19로 인해 자금난을 겪는 기업이 증가하고 있고, 그 여파로 계약한 날짜보다 늦게 직원들에게 급여를 지급하여 분쟁이 생기는 일도 심심치 않게 생기고 있습니다.

급여지급일을 유동적으로 정한다면 '제 날짜에 급여를 지급하지 못해 발생하는 다툼'을 막을 수 있으므로, 근로계약이나 기타 회사의 규정을 통하여 회사의 자금사정을 감안하여 급여를 지급할 수 있는지가 이슈가 됩니다.

이에 대하여 근로기준법은 다음과 같은 급여 지급원칙을 규정하고 있습니다.

임금지급의 4대 원칙

- 임금은 통화로 지급해야 합니다. 다만, 법령 또는 단체협약에 특별한 규정이 있는 경우에는 통화 이외의 것(주식, 근로자가 승인한 현물 등)으로 지급할 수 있습니다.
- 임금은 직접 근로자에게 지급해야 합니다. 근로자가 정한 금융계좌는 직접 지급에 포함되며, 미성년자도 부모나 후견인의 동의없이 독자적으로 임금을 청구할 수 있습니다.
- 임금은 근로자에게 그 전액을 지급해야 합니다. 다만, 법령 또는 단체협약에 특별한 규정이 있는 경우에는 임금의 일부를 공제할 수 있습니다. 공제의 범위는 사회보험료, 제세금, 조합비 등이 있습니다.
- 임금은 매월 1회 이상 일정한 날짜를 정하여 지급해야 합니다. 다만, 다음의 어느 하나에 해당하는 임금에 대해서는 그렇지 않습니다.

1. 1개월을 초과하는 기간의 출근 성적에 따라 지급하는 정근수당
2. 1개월을 초과하는 일정 기간을 계속하여 근무한 경우에 지급되는 근속수당
3. 1개월을 초과하는 기간에 걸친 사유에 따라 산정되는 장려금, 능률수당 또는 상여금
4. 그 밖에 부정기적으로 지급되는 모든 수당

근로기준법의 임금지급 원칙은 사용자로 하여금 매월 일정하게 정해진 기일에 근로자에게 근로의 대가 전부를 직접 지급하게 강제함으로써 근로자의 생활안정을 도모하려는 취지로, 사용자가 사전에 정한 임금 지급일에 임금 전액을 지급하지 않는다면 위 각 규정을 위반한 것이 됩니다.

따라서 사례와 같이 회사의 자금사정을 이유로 급여지급일을 매월 일정한 날짜로 고정하지 않거나, 고정된 날을 임의로 변경하여 지급하려고 하는 것은 임금지급 4대 원칙 위반에 해당합니다.

정글노동법

22화

회사에 손해를 끼치고 퇴사하는 자의 퇴직금과 손해액을 일방적으로 상계할 수 있나요?

Q 교량을 건설하다 사고를 내고 사직한 직원 때문에 골치 아픈 토목회사 총무 담당자입니다. 사장님이 손해난 금액만큼 공제하고 퇴직금과 남은 월급을 주라고 하는데, 그러면 지급할 금액이 거의 없습니다. 그렇게 해도 문제가 되지 않을까요?

캥과장이 친 사고는 다 수습됐나?
네. 백배사죄하면서 사표 내고 갔습니다.
당연히 그래야지. 그 친구 때문에 발생한 손해가… 어휴…
민폐가… 말도 못 해!
손해배상은 하겠대?
그런 얘기는 딱히 없었는데요.
뭐야? 이번 사고 손해를 캥과장 퇴직금하고 월급에서 제하고 줘.
그래도 되나요? 장비 파손이랑 배상금 합쳐 공제하면 줄 게 거의 없을텐데….
퇴직금 준 다음 소송하나, 그냥 제하고 주나 그게 그거지. 시킨대로 금액 계산이나 해!
격물치지 하라구!
네네…

A 근로기준법에 따르면 임금은 매월 1회 이상 일정한 날짜를 정하여 통화로 직접 근로자에게 그 전액을 지급해야 하며(근로기준법 제43조), 사용자는 근로계약 불이행에 대한 위약금 또는 손해배상액을 예정하는 계약을 체결하지 못합니다(근로기준법 제20조).

그럼에도 불구하고 근로자가 퇴사할 때 생기는 다툼 중에 손해배상과 관련한 것들이 있습니다.

"수습기간 중 업무능력과 지시에 잘 따르지 않는다는 이유로 계약을 종료하겠다는 통보를 받았습니다. 일한 기간의 임금을 달라고 했더니 일을 잘못한 부분이 있어 임금을 삭감하고 주겠다고 합니다."

"10년간 근무한 직장에서 실수로 기물을 파손한 뒤 갑자기 회사를 그만두었습니다. 회사에 연락도 하지 않고 1주일 정도 안 나갔고, 이후 그만두겠다고 했습니다. 회사에서는 기물파손과 무단결근에 따른 업무 지연으로 손해 배상해야 한다며, 퇴직금을 안 주겠다고 합니다."

사례와 같이 손해 배상을 이유로 임금이나 퇴직금을 삭감하는 사례가 자주 발생하는데, 사용자가 근로자에 대해 가지는 민 · 형사상 배상금, 대출금 등의 채권으로 일방적으로 임금 채권을 상계하는 것은 위법한 행위입니다.

사용자가 근로자의 동의를 얻어 임금 채권을 상계하는 것은 가능하지만 이러한 경우에도 그 동의가 근로자의 자유로운 의사에 따라 이루어진 것이라고 인정할 만한 합리적인 이유가 존재해야 하며, 그 동의가 자유로운 의사인지 여부는 엄격하고 신중하게 판단해야 합니다.

손해 배상금에 따른 임금, 퇴직금 상계는 사용자의 일방적인 의사에 따라 이루어지는 경우가 대부분이므로, 사용자가 근로자의 동의 없이 상계한 금품은 모두 분쟁의 대상이 됩니다.

아울러 불성실한 근무 태도, 동료 관계, 퇴직 시 인수인계 미처리 등을 이유로 임금이나 퇴직금을 삭감하거나 지급하지 않는 경우, 실제 발생한 손해가 무엇이고 얼마만큼인지 구체적으로 산정하는 것이 매우 어렵습니다. 따라서, 사용자가 임의로 액수를 산정하여 임금과 상계할 수 없으며 손해 발생 여부는 민 · 형사상 절차를 거쳐 법적 판단을 해야 합니다.

정글노동법 23화

계산 착오로 임금을 초과 지급한 경우, 임금이나 퇴직금과 상계하는 것이 가능한가요?

Q 자금경색으로 인한 임금체불 위기를 간신히 넘긴 회사에 재직 중인 직원입니다. 회사에서 상여금을 잘못 계산해서 더 주었다며, 다음 달 월급에서 공제한다는 메일을 받았습니다. 제가 동의하지 않으면 공제를 못하고 다음 달 월급도 모두 주어야 하는 거 아닌가요?

•
•
•

우대리! 왔구만!!
명절 상여금 이거 말야!
일괄적으로 20만 원이
나간 거 어떻게 된 거야?
작년과 같은 금액인데
무슨 말씀이신지…
콩닥
콩닥
부글 부글
자금사정도 어려운데…
올해는 10만 원씩만 지급한다고
공지한 거 몰라?!
헉. 어떻게 하죠?
아침에 급여이체 다 했는데…
준 걸 내놓으라고 할 수는 없으니,
다음 달 월급에서 그만큼 빼고 줘.
⊕10
⊖10
네에~?
급여 상계하면
안된다던데…
그게…
되나요?
그럼 우대리 급여에서 뺄까?
아 몰라, 알아서 해!

A 회사가 관행이나 특약이 없음에도 불구하고 법이 정한 기준이나 인사규정보다 높은 기준을 적용하여 급여나 상여금, 각종 수당을 더 지급하거나 이미 지급한 사실을 모르고 추가적으로 이중 지급하는 일이 간혹 생깁니다.

원칙적으로 근로자에게 급여는 전액 지급되어야 하므로 회사가 초과 지급된 임금을 근로자의 동의 없이 공제할 수 있는지가 문제될 수 있는데, 이러한 전액불 지급 원칙에 대한 예외는 다음과 같습니다.

1. 민사소송이나 세금체납으로 임금이 압류된 경우, 회사가 이를 일괄 공제하여 납부할 때
2. 소득세, 지방소득세, 건강보험료, 국민연금, 고용보험료 등 법령에 의하여 공제가 인정된 경우
3. 노조가 있는 경우 조합비와 같이 단체협약에 의해 공제가 인정된 경우
4. 그 밖에 가불금, 감급 제재금, 쟁의행위로 인해 근로를 제공하지 않은 기간에 대한 임금 등

한편, 회사가 계산의 착오 등으로 임금을 초과 지급하였을 때 상계처리의 시기가 임금의 정산, 조정의 실질을 잃지 않을 만큼 합리적인 기간 안에 있고 금액과 방법이 미리 예고되는 등 근로자의 경제생활 안정을 해할 염려가 없다면, 초과 지급된 임금을 상계하는 것이 가능합니다.

사례의 경우 업무 담당자가 관련 노동법규 또는 회사사정을 잘 모르고 계산의 착오로 인하여 근로자에게 급여를 초과 지급한 것이라면, 특별한 사정이 없는 한 근로자들의 동의가 없더라도 다음 달 급여에서 공제하거나 초과 지급한 임금을 근로자의 임금채권과 상계하는 것이 가능합니다.

정글노동법

24화

연봉계약을 갱신할 때 작년보다 더 적은 금액을 제시하면 거부할 수 있나요?

Q 내년도 연봉협상을 준비 중인 중소 무역업체 담당자입니다. 경기침체 여파로 연봉인상이 어려운 가운데 일부 직원은 삭감을 해야 하는 상황인데, 만약 해당 직원이 연봉계약을 거부하면 어떻게 되나요?

사장님 올해 직원 인사고과는 이달 말 기준으로 올리겠습니다.
아, 올해 경제사정이 너~~~~~무 안 좋아.
하위 10%는 임금 삭감, 30%까지는 동결 원칙으로 임금 편성표 좀 짜봐.
네? 삭감요?!
동결은 몰라도, 삭감하겠다고 하면 직원들이 계약서에 사인을 할까요?
못 받아들이면 회사를 나가야지. 월급을 꼭 올려줘야 한다는 법 있어?
그건 그렇지만, 연봉협상에 풍파가 일 것 같은 예감이...
아... 내 성질...
됐고, 편성표 마련하고 협상일정도 같이 가져와~!
꿱꿱!!
일어나지도 않은 일 걱정 말고!
네네…

A 근로자가 회사에 다니는 1차적인 이유가 급여소득에 있는 만큼 임금에 관한 사항은 근로관계의 핵심적 부분인데, 재직 중인 근로자가 회사가 제안한 임금수준을 거부하는 경우 어떻게 협의해야 하는지가 문제될 수 있습니다.

• 기간제근로자(근로계약기간의 정함이 있는 경우)

사용자와 근로자가 기간의 정함이 있는 근로계약을 체결한 경우, 원칙적으로 근로계약이 갱신되거나 새로운 근로계약이 체결되지 않으면 해당 사용자와 근로자의 근로계약은 근로계약기간의 만료로 종료됩니다.

사용자와 근로자 사이에 근로계약의 갱신 또는 새로운 근로계약을 체결하려는 의사가 있었더라도 임금에 관한 합의가 이루어지지 않아 새로운 근로계약이 체결되지 않은 경우 또한 같습니다.

• 통상근로자(근로계약기간의 정함이 없는 경우)

사용자와 근로자 사이에 기간의 정함이 없는 근로계약이 체결되었다면, 근로계약 내용 중 임금에 관한 내용을 변경하는 연봉(임금)계약이 체결되지 않았더라도 기존 사용자와 근로자 사이의 근로계약은 유지됩니다.

간혹 사용자가 연봉계약의 유효기간이 만료된 후 새로운 계약이 타결되지 않았다는 이유로 근로계약을 해지하는 경우가 있는데, 이는 명백하게 해고에 해당합니다. 근로기준법상 사용자는 정당한 이유 없이 근로자를 해고할 수 없으므로, 이와 같은 형태의 근로계약 해지는 부당해고가 됩니다.

만약 연봉계약 미체결을 이유로 한 계약해지가 정당한 해고로 인정받으려면 사용자가 근로자의 연봉 책정을 위해 인사고과 등 객관적 평가절차를 거쳐 합리적인 제안을 했음에도 근로자가 합리성 없는 연봉 인상을 고집해 임금계약이 이루어지지 않았다는 점이 입증되어야 합니다.

• 연봉계약기간 만료 후의 임금

연봉계약의 만료시기가 정해져 있지 않은 경우 새로운 임금계약이 체결될 때까지 기존의 임금계약이 효력을 유지합니다. 이와 달리 매년 연봉계약을 체결하는 경우에는 그 만료시기 후 새로운 연봉계약이 체결될 때까지는 당사자 사이에 임금에 대한 합의가 없는 상태가 됩니다.

연봉계약에 대해서는 근로기준법에 계약의 유효기간이나 그 만료 시의 효력에 관한 특별한 규정이 없으므로, 노사 간 협의나 관행에 따라 문제를 해결해야 합니다.

기존 연봉계약의 내용에 따라 급여를 지급하고 후에 새로운 계약이 체결되면 이를 소급해 적용하면서 이미 지급한 급여와의 차액을 정산하는 것이 일반적입니다.

사례의 회사도 위 기준에 따라 협상을 진행하되, 정당한 사유가 없는 해고나 계약 종료로 인하여 다툼이 발생하지 않도록 해야 할 것입니다.

정글노동법
25화

통상임금, 평균임금, 최저임금 알아보기

Q 의류매장 운영 담당자인데, 사장님이 통상임금, 평균임금, 최저임금을 갑자기 궁금해 합니다. 저도 인터넷에서 찾은 정보 정도밖에 모르는데 어떻게 설명해야 할까요?

사장님 얼마 전 그만둔 고리라 여사가 항의 전화가 왔는데요. 퇴직금이 빈다고...
뭐? 무슨 소리야?!
허 참... 보너스만 타고 얌체 같이 그만둔 사람이 뭔...
나가서도 속을 썩혀!
사장 하예노
...퇴직금을 통상임금을 기준으로 줬다나요?
평균임금 기준으로 줘야하는데...
평균임금은 뭐고 통상임금은 또 뭔가?
그게 그거 아님?
비슷한 거
아냐?
평균은 퇴직 전 3개월 임금, 통상은 보통 주는..?
<평균임금>
<통상임금>
라고 하던데...
??
맘대로 골라서 달라는 게 말이 돼?
월급이 토핑이야?
아니, 그게... 맘대로가 아니라...

A 시급, 일당, 월급, 연봉 등 계약조건이나 지급기간 등에 따라 근로자가 받는 임금을 부르는 명칭은 매우 다양합니다. 그러나 근로기준법은 사용자가 근로의 대가로 근로자에게 임금, 봉급, 그 밖에 어떠한 명칭으로든 지급하는 일체의 금품을 "임금"이라고 정의하고 있습니다.

즉, 교육비 보조, 도서구입비 지원 등 복리후생이나 경조사비 등 은혜로 지급하는 것이 아닌 한, 사용자가 지급하는 거의 모든 금품은 임금이라는 것입니다.

임금의 정의 자체가 위와 같이 포괄적이어서, 근로기준법은 몇 가지 정의를 통해 임금을 구체화하고 있습니다.

• 통상임금

통상임금이란 근로계약에서 정한 근로를 제공하면 확정적으로 지급받기로 한 임금으로 계약상의 기본급, 고정적으로 지급되는 식대 및 수당 등을 포함합니다. 일반적으로 통상임금은 시급으로 표시되며 법정제수당을 산정하는 기준임금이 됩니다.

'통상임금'을 기준으로 계산하여 지급하는 수당은, 연장 · 야간 · 휴일근로수당 및 가산수당, 해고예고수당, 휴업수당, 연차휴가수당 등입니다.

• 평균임금

평균임금이란 근로자가 3개월 동안 받은 근로기준법상 임금에 해당하는 모든 금품을 3개월의 총 일수로 나눈 금액을 의미하며, 연간 지급된 상여금이나 연차유급휴가수당의 일부를 추가로 포함하여 산정합니다.

평균임금으로 산정하는 수당은 퇴직금, 휴업수당, 각종 재해보상금, 연차휴가수당, 실업급여, 감봉(감급) 등이 있습니다.

• 최저임금

최저임금이란 근로자의 생활안정과 근로능력향상을 목적으로 국가가 노·사 간의 임금결정 과정에 개입하여 강제로 정한 최저수준의 임금으로, 모든 회사와 근로자에게 동일하게 적용됩니다.

정부는 근로자의 생계비, 유사 근로자의 임금, 노동생산성 및 소득분배율 등을 고려하여 최저임금을 정합니다.

근로자의 최저임금을 산정할 때 포함되는 임금의 범위는 ① 근로계약서, 취업규칙, 단체협약 등에 지급 근거가 있거나 관행에 따라 지급되고 ② 사전에 미리 정해진 지급조건과 지급률에 따라 ③ 소정근로에 대해 ④ 매월 1회 이상 정기적·일률적으로 지급되는 임금입니다.

따라서, 특별한 사유 없이 통상임금을 기초로 퇴직금을 산정하였다면 이는 법 위반이 됩니다. 사례의 사업주는 평균임금으로 다시 계산한 퇴직금을 지급해야 합니다.

정글노동법 26화

통상임금에 해당되는 임금 항목을 통상임금에서 제외하기로 합의하는 것이 가능한가요?

Q 소매업을 운영하는 사업주입니다. 통상임금이 연장, 야간, 휴일근로수당과 연차수당을 지급하는 기준임금이라고 하는데, 구체적으로 통상임금은 어떻게 산정하는 건가요? 혹시 통상임금에 해당하는 항목이라고 하더라도 직원과 합의로 제외시켜도 괜찮을까요?

그러니까 통상임금을 기준으로
연장, 휴일수당을 산정한다는 거지?
알아야
뭘도 해먹네…
네. 그렇다고 하네요.
그게 꽤 복잡하더라구요.
그래?
사장
하예노
좋아, 됐어!
이렇게 간단한 걸!
쿵!
통상임금을 좀 손 보면
수당을 좍~! 줄일 수 있는 거잖아.
통상임금을
조정해서
수당절약!!
네…?
흐흐…
아니. 그게 맘대로 될지 모르겠네요.
회사에서
바꿀 수
있는 건가?
우리들끼리 협의해서 바꾸면 되지.
외부 사람이 뭔 간섭?!?
네네
쳇… 협의가 되겠나…
강요겠지…

A 통상임금은 연장, 휴일 등 시간외 근로수당이나 연차수당을 산정하는데 필요한 기준임금으로, 연간 1회 고려하면 되는 최저임금이나 퇴직 시 계산하는 평균임금에 비하여 사용빈도가 매우 높은 기준임금입니다.

원칙적으로 통상임금의 산정기초가 되는 임금은 ① 근로계약이나 취업규칙 또는 단체협약 등에 따라 정한 소정근로시간에 대해 근로자에게 지급하기로 정한 기본급과 ② 정기적 · 일률적으로 1임금산정기간(일당제는 매일, 월급제의 경우 매월)에 지급하기로 정하여진 고정급 임금으로 구성됩니다.

통상임금을 산정함에 있어 각 항목이 포함되는지는 그 명칭만으로 판단하여서는 안되며, 통상임금의 의의, 근로계약 · 취업규칙 · 단체협약 등의 내용, 직종 · 근무형태, 지급관행 등을 종합적으로 고려하여 산정해야 합니다

사례와 같이 특정 임금이나 수당을 통상임금에서 제외하기로 노사 간 합의를 하거나 사업주가 임금규정을 만들어 적용한 경우가 종종 발생하였고, 이에 대하여 법원은 다음과 같은 결론을 내렸습니다.

1. 어떠한 임금이 통상임금에 해당하는지 여부는 그 임금이 소정근로의 대가로 근로자에게 지급되는 금품으로서 ① 정기적, ② 일률적, ③ 고정적으로 지급되는 것인지를 기준으로 그 객관적인 성질에 따라 판단합니다.
2. 일정한 대상기간에 제공되는 근로에 대해 1개월을 초과하는 일정기간마다 지급되는 정기상여금은 통상임금에 해당합니다.

3. 「근로기준법」 제15조에 따르면 동법에서 정한 기준보다 낮은 임금 등 불리한 근로조건 계약은 무효가 되기 때문에 통상임금에 해당되는 임금을 통상임금에서 제외하기로 한 노사합의는 무효가 됩니다.

4. 근로자는 당연히 통상임금으로 산정되지 않은 각종 임금을 포함시켜 차액을 추가 임금으로 청구할 수 있습니다. 이 경우 사용자가 소멸시효에 대한 항변을 할 경우에는 3년분만 인정이 가능합니다.

따라서 취업규칙이나 단체협약, 근로계약서 등을 통하여 특정 수당이나 임금을 통상임금에서 제외하기로 정한다 하더라도 이는 무효이며, 추후 근로자는 해당 금품을 포함한 통상임금을 재산정하여 사업주에게 각종 수당을 재청구할 수 있습니다.

통상임금에 포함되는 임금의 범위

1. 소정근로시간 또는 법정근로시간에 대해 지급하기로 정하여진 기본급 임금
2. 일 · 주 · 월 기타 1임금산정기간 내의 소정근로시간 또는 법정근로시간에 대해 일급 · 주급 · 월급 등의 형태로 정기적 · 일률적으로 지급하기로 정하여진 고정급 임금
   가. 직무수당(금융수당, 출납수당), 직책수당(반장수당, 소장수당) 등
   나. 물가수당, 조정수당 등
   다. 기술수당, 자격수당, 면허수당, 특수작업수당, 위험수당 등
   라. 벽지수당, 한랭지 근무수당 등
   마. 승무수당, 운항수당, 항해수당 등
   바. 근무성적에 관계없이 매월 일정한 금액을 일률적으로 지급하는 수당
   사. 그 밖에 위 항목에 준하는 임금 또는 수당

정글노동법
27화

영업사원의 개인성과에 따라 지급되는 인센티브(성과급)도 평균임금에 포함되나요?

Q 사업주로 판매직에게 개인성과에 따라 인센티브를 지급하고 있습니다. 얼마 전 평균임금의 개념을 알게 되었는데, 퇴직할 때 인센티브를 포함해서 퇴직금을 산정해야 하나요? 만약 그렇다면 성과에 따라 지급할 퇴직금의 변동이 심할 텐데, 이거 문제 아닌가요?

사장님, 몽씨가 이번 주
그만둔다고 하는데요.
뭐?
쩝... 그 친구 나름 성실했는데
어쩔 수 없지. 공고 내.
4년 다녔나?
일 할만~하면
나가고 나가고
그런데 몽씨 퇴직금 계산 말인데요...
월급X근무 연수랑 좀 달라서...
(100만 원X3)÷3=100
X4
400
이렇게 계산하면 되겠지?
그 친구는 인센티브를 포함해서
계산했더니 퇴직금이 팍 뛰던데요?
550만 원...
뭐, 뭐야?
뭐? 뭐야! 그걸 왜 포함시켜?!
몽씨 그 녀석 잔재주를...!
'성실한 녀석' 취소!!
휴~
사장님, 그런데 그게 꼭
틀리지만은 않은 거...
안됨! 그럼 앞으로
인센티브 모두 없애!

A 판매 또는 영업직원들에게 지급하는 임금 중 판매수당 또는 판매 인센티브로 불리는 성과급 임금이 있습니다. 이러한 인센티브는 매월 지급금액이 변동되어 개별 근로자의 성과 또는 실적에 따라 지급되는 것이 일반적입니다.

이렇게 실적에 따라 증감하는 인센티브를 퇴직금 및 퇴직연금 산정 시 포함하여 계산해야 한다면, 실제 사업주가 지급해야 하는 금액에 상당한 차이가 발생하기 때문에 사례와 같이 궁금증이 생길 수 있습니다.

• 성과급(인센티브)의 임금 여부

만일 회사의 단체협약 · 취업규칙 등에 지급조건, 금액, 지급시기를 미리 정하여 지급하거나 관행적으로 줄곧 지급하여 온 경우에는 임금성이 인정된다고 할 수 있으며, 반면 사전에 아무런 규정도 정함 없이 사용자의 재량에 의해 매년 그 지급시기 및 지급액을 달리하거나 지급되지 아니하는 경우라면 이는 그 지급이 계속적 · 정기적으로 이루어져 사용자에게 그 지급의무가 확정되는 임금성을 갖는다고 보기 어려울 것입니다.

• 성과급(인센티브)의 평균임금 해당 여부

회사로부터 정기적으로 받아온 영업장려금, 영업수당 등이 판매실적을 향상시키기 위하여 지급조건이 미리 정해져 모든 근로자에게 개인의 근무성적에 따라 지급되고 있다면, 이 수당들은 근로의 대가로서 지급되는 금품으로 보아 퇴직금 계산을 위한 평균임금산정에 포함하여야 할 것입니다.

다만, 회사가 지급하는 인센티브 중 팀별 목표 달성 여부에 따라 지급 여부가 정하여지는 팀 인센티브 또는 회사의 경영실적에 따라 지급되는 경영성과급 등은 개인적으로 지급되는 것이 아니거나 은혜적인 급부에 불과하여 평균임금에 포함되지 않습니다.

결국 조직이나 팀, 회사의 경영성적에 의거하여 지급되는 팀, 회사 성과급 또는 인센티브는 퇴직금 계산을 위한 평균임금에 해당되지 않으나, 개인의 영업실적에 의해 사전에 정해진 지급기준에 따라 지급되는 인센티브 또는 성과급은 퇴직금 및 퇴직연금 산정을 위한 평균임금에 포함된다고 할 수 있습니다.

따라서 사례의 하에노 사장은 인센티브를 포함하여 평균임금을 산정해야 하며, 그렇지 않을 경우 법정기준에 미달하는 퇴직금을 지급하는 것이 됩니다.

정글노동법

28 화

최저임금에 포함되는 것과 포함되지 않는 것

Q 홍대 앞 작은 사무실에서 일하는 사람입니다. 사장님이 갑자기 최저임금에 포함되는 항목과 제외되는 항목을 정리해서 알려 달라고 하는데, 어떻게 설명해야 할까요?

사장님, 전에 다니던 알바생이 고소를 했다는데요?!
아니, 내가 죄질 것이 없는 사람인데 뭔 고소를…
최저임금을 안 줬다고…
아니, 우리가 매번 꼬박꼬박 계산해서 줬는데.. 언제….
그 친구 수학과야? 수학 전문가야?
사장 하예노
사장님이 연장근로, 휴일근로수당 포함해서 계산하라고 하셨잖아요.
그래, 포함하라고 했지. 그럼 넉넉히 최저임금 넘잖아.
그게 포함을 시킬 수 있는 게 정해져 있다고…
어린 녀석이 경우가 없네!!
실제 준 금액으로 계산하면 되지, 말이 돼?

A 사전적 정의에 따르면 최저임금은 법으로 최소한의 의식주 생활이 가능한 급여기준을 정하여 근로자의 생존권을 보호하는 제도적 장치라고 할 수 있습니다. 특수한 조건을 제외하고는 모든 사업장과 각 사업장에서 근무하는 근로자들에게 최저임금이 적용됩니다.

최저임금 미달 여부의 판단은 사업장에서 ① 지급받는 임금에서 최저임금에 포함되는 임금만을 가려서 ② 이를 시간당 임금으로 환산하여 ③ 고시된 최저임금과 비교하여 판단합니다.

한편, 근로자의 임금이 최저임금에 미치는지를 확인하기 위해서는 근로자가 실제 받는 임금의 유형 중에서 최저임금에 산입하지 않는 임금을 제외해야 합니다.

「최저임금법 시행규칙」에서는 최저임금 적용을 위한 임금의 범위에 산입해야 하는 임금 및 산입하지 않는 임금의 범위에 대해 정하고 있으며, 이 가운데 산입하지 않는 임금의 범위는 다음과 같습니다.

구 분	임금의 범위
1. 소정근로시간 또는 소정의 근로일에 대하여 지급하는 임금 외의 임금	▶ 연장근로 또는 휴일근로에 대한 임금 및 연장·야간 또는 휴일근로에 대한 가산임금 ▶ 연차 유급휴가의 미사용수당 ▶ 중휴일을 제외하고 유급으로 처리되는 휴일에 대한 임금
2. 상여금, 그 밖에 이에 준하는 것으로서 다음 임금의 월 지급액 중 해당 연도 시간급 최저임금액을 기준으로 산정된 월 환산액의 100분의 25에 해당하는 부분	▶ 1개월을 초과하는 기간에 걸친 해당 사유에 따라 산정하는 상여금, 장려수당, 능률수당 또는 근속수당 ▶ 1개월을 초과하는 기간의 출근성적에 따라 지급하는 정근수당

구분	임금의 범위
3. 식비, 숙박비, 교통비 등 근로자의 생활 보조 또는 복리후생을 위한 성질의 임금으로서 다음 어느 하나에 해당하는 것	▶ 통화 이외의 것으로 지급하는 임금 ▶ 통화로 지급하는 임금의 월 지급액 중 해당 연도 시간급 최저임금액을 기준으로 산정된 월 환산액의 100분의 7에 해당하는 부분

참고로 2019년 최저임금법이 개정되어 매월 1회 이상 정기적으로 지급하는 상여금과 식대와 같이 현금으로 지급하는 복리후생비의 경우 일정금액을 초과하는 부분에 대해서는 순차적으로 최저임금에 포함하여, 2024년 이후에는 매월 지급되는 상여금, 복리후생비가 모두 최저임금에 포함됩니다.

사례와 같이 최저임금 위반을 하지 않으려면, 매년 바뀌는 최저임금 고시액을 확인해야 하며, 최저임금을 계산할 때 포함할 수 있는 수당 범위도 함께 고려해야 합니다.

정글노동법

29 화

급여 지급일 이전에 퇴직한 직원에게 상여금을 지급해야 하나요?

Q 월급 외에 분기별로 정기상여금을 지급하는 작은 회사에서 근무하고 있습니다. 얼마 전 퇴사한 직원이 '일 한 기간만큼 상여금도 정산해서 지급해 달라.'고 하는데, 맞는 말인가요?

전에 나간 고리라 여사가 상여금
나올 달 아니냐고 전화가 왔어요.
사장님,
어쩌죠?
아니, 벌써 두 달 전에 나간
사람이 상여금? 뭔 소리야?
그게 좀…
알듯말듯
하네요…
사장
하예노
분기별로 기본급의 100%씩 주던 거고,
내가 석 달 중 두 달이나 일했잖아요!
2/3는
줘야지!
글쎄요… 사장님에게 말은 해볼게요.
그런데 주라고 할지 모르겠네요.
그
성질에…
허 참… 기가 막히네. 이번에
전화 오면 나한테 돌려.
고여사 다닐 때도 매번
눈치 보셨으면서…
고여사랑
몸 싸움
만만치 않은데…
윽…
그게…
그런데 상여금은
진짜 어떡할까요?

A 회사의 임금체계에서 성과급이나 상여금 명목의 금품은 격월, 분기, 반기 등 정기적이기는 하지만 매월 지급되지 않는 경우가 많습니다. 만약 해당 금품이 지급되지 않는 달에 퇴직한 직원이 정기상여금이나 성과급을 달라고 요청할 경우 대응이 문제될 수 있습니다.

관련 법이나 규정에서 이러한 경우에 대하여 구체적으로 정한 바가 없습니다. 따라서 회사의 규정이나 관행, 체결된 단체협약의 기준에 따라 일할계산하여 지급하는 경우도 있고, 재직자 조건에 따라 지급하지 않는 경우도 있습니다.

사례의 경우 정기상여금이 통상임금에 해당한다면 재직 중 근로에 대하여 일할계산하여 상여금을 지급할 의무가 발생하지만, 통상임금에 해당하지 않는다면 임금지급의 의무는 발생하지 않을 것입니다.

이와 관련하여 2013년 대법원은 통상임금의 조건에 대해서 구체적인 기준을 제시했는데, 그중 하나가 이른바 '재직자조건'이 있는 정기상여금은 통상임금이 아니라는 것입니다. '재직자조건'이란 정기상여금 등 어떤 임금에 대해 '지급일 현재 재직 중인 자에게만 지급한다'는 조건을 말하는 것으로, 위 기준에 따르면 해당 금품 지급일이 되기 전까지는 정기상여금 등 임금이 지급될지 여부가 불확실하기 때문에 '소정근로의 대가로서 정기적 · 일률적 · 고정적으로 지급되는' 통상임금이라고 볼 수 없다는 것입니다.

따라서 상여금 지급률, 지급시기 등이 단체협약 또는 취업규칙 등에 정해져 있고 매년 일정시기에 일정률의 상여금을 지급해 왔다면 동 상여금은 근로의 대상으로 지급되는 임금으로 보아 그 지급시기 이전에 퇴직한 근로자에게도 근무한 만큼의 상여금을 지급하여야 합니다.

반면에 단체협약서 등에 "지급일 현재 재직 중에 있는 자에 한한다."는 등의 명문규정이 있을 경우 이에 따라야 하며, 명문규정은 없다 하더라도 회사설립 이후 계속된 관행으로 지급대상자 결정방식이 정착되어 있고 그에 따른다면 문제는 없을 것입니다.

한편 최근 고등법원이 정기상여금에 부가된 재직자조건 자체가 무효라는 판결을 내리는 경우가 종종 보입니다. 정기상여금을 사실상 기본급과 유사한 성격으로 보고, 이에 따라 지급일에 재직하고 있지 않아도 근무한 기간만큼 일할계산해 정기상여금을 지급해주어야 한다는 것입니다.

사례의 회사가 퇴직한 근로자에게 정기상여금을 일할계산해 지급할 것인지 여부는 내부 규정이나 협약, 계약조건에 따라 지급 여부를 결정해야 할 것이며, '재직자조건'이 확립되어 있다면 이를 적용할 수 있을 것입니다. 그리고 향후 분쟁을 예방하려면 재직자조건 외에도 최소 출근일수나 근로시간 등 명확한 상여금 지급조건을 더하는 것이 좋습니다.

정글노동법

30화

매달 퇴직금을 포함하여 급여를 지급해도 될까요?

Q 작은 무역회사를 경영하고 있습니다. 직원들 나갈 때마다 퇴직금 마련하기도 힘들고, 비용 부담도 줄이기 위해 월급에 퇴직금을 포함해서 주려고 합니다. 어차피 줄 거 미리 준다고 문제가 되지는 않겠죠?

올해 연봉계약서는 다 준비됐나?
거의 다 끝났고, 곧 결재 올리겠습니다.
오케이... 아, 그리고 올해부터는 월급에 퇴직금을 포함해서 만들어봐.
네? 퇴직금은 회사 나갈 때 주는 거 아닌가요?
그게 나갈 때 몰아주려니까 부담스럽더라구. 연봉 올리면서 퇴직금은 좀 묻어가자고. ㅋㅋ
아이디어 쩔지??
게다가 직원 입장에도 결국 계산하면 차이 없는 거잖아?
전체 퇴직금
퇴직금 1/n
아니, 뭔가 좀 문제가 있는 거 같은데요?
그니까 저는 관리부서 아니고...
관리부서가... 사장이 말하면 방법을 생각해야지!

A 퇴직금이란, 근로자가 계속 근로한 기간 1년에 대해 30일분 이상의 평균임금을 퇴직하는 근로자에게 지급하는 것을 말하며, 계속 근로한 기간이란 근로계약을 체결한 날로부터 근로계약이 종료되는 날까지를 의미합니다.

(법정) 퇴직금제도는 근로자가 퇴사할 때 회사가 바로 퇴직금을 지급하는 제도로, 회사가 가지고 있는 유보금으로 퇴직금을 바로 지급하는 장점이 있지만 현금 유동성에 문제가 생기면 퇴직금 체불 등 법적 문제가 발생할 우려가 있습니다.

한편, 퇴직연금제도는 회사가 퇴직금으로 지급할 재원을 금융회사에 적립하고, 이 재원을 회사나 근로자가 운용하여 근로자 퇴직 시 연금 또는 일시금으로 지급하는 제도를 말합니다.

퇴직연금제도는 퇴직금을 금융기관에 적립하기 때문에 회사가 주기적으로 퇴직금 재원을 납입해야 하는 부담이 있지만, 근로자 퇴직 시 금품청산이나 퇴직금 규모에 대한 분쟁을 막을 수 있습니다.

과거에는 퇴직연금제도가 없었기도 하거니와 근로자가 퇴직할 때 회사가 책임져야 하는 비용부담이 상당했고, 퇴직금을 분할 지급하면 기본급을 낮추는 효과도 있었기 때문에 퇴직금을 월급에 나누어서 주는 포괄산정 임금제도가 유행한 적이 있었습니다.

예를 들면, 월급을 300만 원으로 근로계약을 체결하는 경우 기본급

240만 원에 식대 10만 원, 각종 수당 25만 원을 급여 항목으로 책정한 뒤, 나머지 25만 원을 퇴직금 명목으로 지급하는 방식으로 총액 300만 원의 월 급여를 지급하는 것입니다.

그러나 이러한 퇴직금 분할지급 방식은, 이 방식을 퇴직금 중간정산으로 볼 수 있는지 여부와 퇴직 후 퇴직금 재청구 등 다양한 갈등을 빚게 되어 법원의 판단을 구하기에 이르렀습니다.

이에 대하여 법원은 "퇴직금 분할 약정은 퇴직금 중간정산으로 인정되는 경우가 아닌 한 퇴직 시 발생하는 퇴직금청구권을 근로자가 사전에 포기하는 것으로서 무효이며, 그 결과 퇴직금 분할 약정에 따라 사용자가 근로자에게 퇴직금 명목의 금원을 지급했더라도 퇴직금 지급으로 인정할 수 없다."고 판단하였습니다.

또한 퇴직할 때 지금까지 분할 지급한 퇴직금을 최종 퇴직금과 상계하여 처리하는 것도 법률 위반이며, 다만 향후 퇴직한 근로자를 상대로 민사소송을 통하여 미리 지급한 금품에 대하여 반환청구를 할 수 있다고 정리하였습니다.

따라서 사례의 사업주처럼 월급에 퇴직금을 포함하여 지급하는 것은 원천적으로 무효이며, 계약을 통해 근로자들이 동의한다 하더라도 법적 효력을 인정받기 어렵다는 점을 명심해야 합니다.

정글노동법

31화

경영성과급도 퇴직금을 계산할 때 평균임금에 포함하나요?

Q 의류매장 관리자인 줄 알았는데 만능 일꾼(?) 역할을 하고 있는 직장인입니다. 회사가 지급하는 상여금, 성과급, 인센티브 등 부정기적으로 받게 되는 급여도 퇴직금을 계산할 때 포함할 수 있는지 궁금합니다.

장사장님, 고여사가 또 연락이 왔는데요...
아니 그 아줌마 왜 그래? 나가서 말썽이네 참...
퇴직금에 인센티브가 반영이 안 됐다더라구요. 퇴직금을 더 달라는데...
사장 하예노
뭐? 인센티브? 성과급 말하는 거지?
고여사가 성과급 받을 일은 했어?
아, 그게... 회사 실적이 좋아서 준 성과급 있었잖아요.
아니, 어쩌다 한번 회사 실적 좋다고 줬더니, 그걸 갖고!
이제 인센티브, 성과급 이런 거 다 없애!!
고여사님 덕에 인센티브 없어지겠네.ㅜ.ㅜ

A 퇴직금 계산은 평균임금을 기초로 하며, 평균임금은 근로자가 3개월 동안 받은 근로기준법상 임금에 해당하는 모든 금품을 3개월의 총 일수로 나눈 금액이라는 점은 앞에서 설명한 바와 같습니다.

그렇다면 매월 지급된 급여 외에 부정기적으로 지급되거나 회계연도 결산 후 연간 1회 지급되는 금품 등 부정기적으로 받아온 급여는 퇴직금 산정 시 어떻게 처리해야 하는지가 고민이 될 수 있습니다.

• 정기상여금

근로계약서나 취업규칙, 단체협약에 지급주기와 산정기준, 지급금액 등이 미리 정해져 있는 정기상여금은 평균임금 산정에 포함됩니다. 계산방법은 연간 총 상여금을 합하여 3/12 만큼을 평균임금에 더하게 됩니다.

• 연차유급휴가수당(연차수당)

직전연도에 발생하여 사용하지 않은 연차에 대한 정산금액인 연차수당 또한 평균임금에 포함되며, 계산방법은 정기상여금 포함기준과 같습니다. 다만, 퇴직연도에 새로 발생한 연차에 대한 수당은 평균임금 산정에서 제외됩니다.

• 개인성과급

다소간의 이견은 있으나 개인성과급은 개인의 근로제공에 따른 실적에 연동해 지급하는 형태의 성과급으로 사전에 실적에 따른 성과산정 기준과 지급방식이 어느 정도 결정되어 있으므로 임금에 해당합니다. 따라서,

개인성과급은 평균임금에 포함해야 한다는 것이 고용노동부의 기본적 방침입니다.

• 경영성과급

경영성과급은 원칙적으로 경영성과 분배를 위한 성과급으로 개인별로 지급한 성과급은 회사의 이윤을 내부 기준에 따라 분배 · 공유한 것에 불과하므로 평균임금에 포함되지 않습니다.

다만, 내용상 경영성과급에 해당하더라도 근로계약서나 취업규칙, 단체협약 등에서 지급액이나 지급기간, 지급범위 및 지급방식이 명시되어 있는 경우라면 이는 회사의 지급의무가 있는 금품이므로 평균임금에 포함하여 퇴직금을 산정해야 합니다.

사례의 경우 경영실적에 따라 성과를 분배하는 경영성과급으로 평균임금 산정 시 해당 금품을 포함할 필요는 없어 보이나, 내부 규정이나 계약서 또는 관행으로 지급시기나 범위, 금액이 확정되어 왔다면 평균임금의 기초가 될 것으로 보입니다.

정글노동법

32화

퇴직금 포기 서약서를 제출한 경우, 퇴직금을 지급하지 않아도 되는지

Q 작은 무역회사에서 총무, 영업을 담당하는 직원입니다. 사장님이 인건비 절감을 위해서 고참 직원들에게 퇴직금 포기 서약서를 받아 두자고 하는데, 서약서를 써 주는 건 그렇다 치더라도 이것이 가능한 것인지 궁금합니다.

내년 자금 사정은 어때?
현금이 돌지 않아서 연초부터 빠듯할 것 같은데요?
그럼 이렇게 한번 해보지. 직원들에게 새해 월급을 좀 올려줄 테니...
퇴직금은 포기하자고. 그럼 좀 낫지 않겠나?
굿 아이디어?
헉... 퇴직금을 포기하라구요?
조삼 모사?
뭐. 우루바 씨 회사 나가려구? 퇴직금 필요해?
커밍 아웃?
아니... 저저... 전혀 그런 게 아니라...
그봐 그봐
회사 나가느니 퇴직금 포기하는 게 낫잖아?

A 퇴직금제도는 근로자가 이직 · 퇴직을 하는 경우 고정적인 소득원이 사라짐으로 인해 경제 · 사회적 어려움을 겪게 되는 사정을 보완하고자 사업주가 퇴직 근로자에게 사전에 정해진 기준에 따른 금품을 지급하게 하는 제도를 말합니다.

법정 퇴직금제도를 그대로 유지하는 회사는 직원 퇴직 시 일시불로 퇴직금을 정산하여 지급해야 하므로, 경영악화뿐만 아니라 일시적인 유동성 문제를 겪는 경우에도 퇴직금을 지급하는데 어려움을 겪게 됩니다.

따라서 간혹 직원에게 퇴직금을 포기하도록 서약서를 요구하거나 근로계약 시 퇴직금 포기 각서를 작성하여 제출해야만 입사가 완료되는 형태로 채용절차를 운영하는 회사가 발견되기도 합니다.

그렇다면 사안과 같이 법에서 강제하고 있는 퇴직금의 지급이 근로자가 작성 · 제출한 포기 각서나 서약서가 있다면, 회사의 퇴직금 지급의무가 사라지는 것인지가 관심의 대상이 될 수 있습니다.

노동관계 법령상 퇴직금 청구권은 직원이 회사를 떠나게 된 때, 즉 근로관계가 종료된 때에 발생하게 됩니다. 따라서 근로관계 종료시점을 기준으로 퇴직금 포기의 효력이 달라진다고 볼 수 있습니다.

• 퇴직 전 포기

퇴직금청구권은 근로관계 종료 시에 발생하는 것이므로, 퇴직하기 전에 퇴직금을 포기하기로 하는 약정은 아직 발생하지도 않은 권리를 포기하는 것으로 무효가 됩니다.

퇴직금은 사용자가 일정 기간을 계속근로하고 퇴직하는 근로자에게 계속근로에 대한 대가로서 지급하는 후불적 임금의 성질을 띤 금원으로서 구체적인 퇴직금 청구권은 근로관계가 끝나는 퇴직이라는 사실을 요건으로 발생한다. 최종 퇴직 시 발생하는 퇴직금청구권을 미리 포기하는 것은 강행법규인 근로기준법, 근로자퇴직급여 보장법에 위반되어 무효이다. (대법원 1998. 3. 27. 선고 97다49732 판결 등 참조)

• 퇴직 후 포기

직원이 퇴직하여 회사와의 근로관계가 종료된 시점에는 이미 퇴직금 청구권이 발생한 것으로, 개인이 발생한 권리를 자유로운 의사에 기해 포기하는 것은 유효한 행위로 볼 수 있습니다.

근로자가 퇴직하여 더 이상 근로계약관계에 있지 않은 상황에서 퇴직 시 발생한 퇴직금 청구권을 나중에 포기하는 것은 허용되고, 이러한 약정이 강행법규에 위반된다고 볼 수 없다. (대법원 1997. 11. 28. 선고 97다11133 판결 등 참조)

단순한 호의, 회사와의 채무관계 상계, 변제사유로 인한 포기 등 위법한 경우가 아닌 한 퇴직 후 퇴직금 포기 서약서는 효력을 가지며, 회사는 그 채무를 면할 수 있습니다.

위 사례는 회사가 퇴직금 관련 비용부담을 줄이고자 재직 중인 근로자들에게 사전에 퇴직금을 포기하는 내용의 서약서를 받는 것을 목표로 하고 있으므로 원천적으로 무효이며, 서약서의 존재와 관계없이 근로자들 퇴직 시 퇴직금 청구권은 그대로 살아 있다고 볼 수 있습니다.

범경 사장(55세)

20명이 다니는 무역회사인
'샤크' 사장님

성격이 난폭하고 무서움.
복잡한 걸 싫어함.
법을 잘 모르고 무시함.
아버지가 며느리 사수자 사장을 예뻐해서 더 큰 섬유 회사를 맡겼음.

취미: 복싱

우루바 대리(26세)

'샤크'에 진득하니 다니는
미혼 여자

마음이 약하고 착해서 범경 사장 밑에서 고생 중이다. 약간 피해의식이 있다.

미혼. 남자친구 있음.

취미: 멍때리기, 애완동물 돌보기

Jungle labor law character

정글노동법

Jungle labor law

PART 3

근로시간

정글노동법

33화

휴게시간을 정하지 않은 근로계약이 가능한지

Q 의류 판매담당 직원 충원이 필요해서 온라인으로 채용공고를 내려고 합니다. 매장 특성상 점심시간이나 휴게시간을 특정하기가 어려운 상황인데, 쉬는 시간이 유동적인 계약을 해도 괜찮을까요?

요즘 점심시간이
매출이 피크구만.
외국인 관광객들이
식사 겸 오나봐요.
이번에 근로계약서 쓸 때 말야,
점심을 매장상황에 따라 유동적
으로 쉬는 걸로 해보지 그래?
자율
출근제
처럼?
사장
하예노
매장 직원은 손님 없는 시간에
점심 먹는 걸로 하자고.
네?
점심시간을 딱 정해놓지
말자고~ 말야.
아니
그게…
손님
없을 때
쉬자?
그런데 그런 식으로 운영을 하면
실제로는 거의 못 쉴텐데요…
네?
후다닥
손님이 먼저지, 매출이 있어야
월급도 주는 거 아냐?!
손님이
왕?
몰라?
하사장 정말… 휴…
회사에 회의 생기네.

A 근로계약을 체결하고 사업장에서 근무를 할 때, 쉬는 시간은 있는지, 일하는 시간과 쉬는 시간은 각각 얼마여야 하는지, 언제 어떤 방식으로 휴식을 취하면 되는지 등 휴게시간 운영방법에 대한 궁금증을 갖게 되는 경우가 있어 이에 대하여 알아보겠습니다.

• 휴게시간의 의미

근로기준법 제54조(휴게)는 "사용자는 근로시간이 4시간인 경우에는 30분 이상, 8시간인 경우에는 1시간 이상의 휴게시간을 근로시간 도중에 주어야 하고, 휴게시간은 근로자가 자유롭게 이용할 수 있다."고 정하고 있습니다. 쉬는 시간 없이 계속 일을 한다면 일의 능률이 오르지 않는 것은 물론 일하는 사람의 체력과 주의력이 떨어져 자칫 큰 부상을 입을 수 있기 때문에, 일정 시간 근로를 하면 반드시 휴식을 취하도록 법이 보장하고 있는 것입니다.

우리가 흔히 점심시간 명목으로 쉬는 시간이 대표적인 휴게시간으로, 보통 오전 9시부터 저녁 6시까지 8시간 근무를 하는 중간에 1시간의 휴게를 취함으로써 법정 휴게시간을 보장하고 있습니다.

한편 휴게시간은 근로자가 자유롭게 이용할 수 있어야 하므로, 현실적으로 업무수행을 하지 않는다고 하더라도 언제든지 사용자의 지휘 · 명령에 따라 근로를 제공해야 하는 대기시간과는 구별되어야 합니다.

• 휴게시간의 부여

도소매, 식당, 제품 AS 등 사업의 종류나 업무의 특성에 따라 업무가 몰리는 시간이 일정치 않은 경우, 전체 근로시간과 휴게시간은 사전에 정하되 '근무시간 중 1시간은 점심시간으로 한다'는 식으로 계약서상 휴게시간을 특정하지 않는 근로계약을 체결하는 경우가 간혹 있습니다.

실질적인 휴게시간이 확실하게 보장된다면 달리 생각할 수도 있겠으나, 휴게시간을 유동적으로 운영할 정도의 사업장이라면 휴게시간이 정상적으로 부여될 가능성이 낮으며, 결과적으로 휴게시간 미부여와 휴게시간만큼의 임금체불이 발생하는 결과를 불러올 수도 있습니다.

불규칙한 업무시간에 따라 하루의 일정이 유동적으로 돌아가는 만큼 명목상으로는 휴게시간이 부여되지만, 근로자에게 자유로운 이용이 보장된 것이 아니라면 실질적으로 사용자의 지휘 · 감독을 받고 있는 대기시간으로 휴게시간이 보장된 것이 아닙니다.

휴게시간은 근로조건의 핵심을 이루는 항목 중 하나인 만큼 근로계약서나 취업규칙, 단체협약에 구체적인 시간을 정하여 근로자들이 정기적인 휴식을 취할 수 있도록 하는 것이 필요합니다.

따라서 사례의 사업장처럼 유동적인 휴게시간 관리가 필요한 경우라 하더라도 형식상 고정된 휴게시간을 부여하고, 미리 정해 놓은 예외 조건을 통하여 조정하는 것이 좋습니다.

실무상 유동적인 휴게시간을 운영하기 위해서는 근무편성표, 서비스 공급계획 등 사전에 정해진 업무스케줄에 따라 정기적으로 휴게시간을 조정하거나, 필요한 경우 당사자 간 협의로 휴게시간을 변경하는 방식을 고려하기 바랍니다.

정글노동법

34화

출장에서 돌아오는 시간을 근무시간에 포함시킬 수 있을까요?

Q 전국에 토목공사 현장을 운영하고 있는 중견기업 인사실무 담당자입니다. 최근 노동조합에서 현장 출장에 소요되는 시간도 근로시간으로 인정해 달라는 요청이 왔는데, 이를 받아들여야 하는 것인지 궁금합니다.

사장님, 우리 천안 현장 있잖습니까~.
쇼핑몰 옹벽 공사? 그게 왜?
본점 직원들이 천안 출장 왕복 시간 관련 얘기를 하네요.
차를 몰고 출장을 하다보면 출근 시간 전에, 퇴근 시간 후에 오는 경우가 허다하다네요.
7시 출근에…
9시 퇴근ㅠ.ㅠ
이 시간도 근무시간에 모두 포함시켜달라고…
왕복
5시간…
사람들이 어찌 그리 자기 입장만… 차 안에서 뭔 일을 한다고 그래?
업무 아니면 차를 왜 타겠냐고 하던데…
소탐대실 아냐?
이런 거 다 인정하고 52시간 가능해? 정신차려!

A 사례의 사업장처럼 담당 업무를 수행하기 위해서 잦은 출장이 필요한 경우 목적지까지 이동시간이나 돌아오는 시간, 업무 전후로 현지에 체류하는 시간을 근무시간으로 보아야 하는지 문제가 될 수 있습니다.

특히 기업이 해외를 상대로 한 비즈니스를 하는 경우라면 주말을 이용하여 해외로 나가거나 들어와야 하고, 사업주의 명시적 지배 관리인지 모호한 상황에서 외국에 체류하게 되므로 명확한 판단기준을 세울 필요가 있습니다.

• 근로시간의 범위

근로시간이란 '사용자의 지휘 · 감독 아래 있는 시간, 즉 노동력을 사용자가 임의로 사용할 수 있도록 한 실제 구속시간'을 의미하며, 작업을 위해 근로자가 사용자의 지휘 · 감독 아래에 있는 대기시간 등은 근로시간으로 봅니다.

원칙적으로 출퇴근 시간은 근로시간에 포함되지 않으며 취업규칙이나 근로계약서, 단체협약 등에 별도의 정함이 없는 한 집과 출장지 사이의 이동시간은 출퇴근 시간에 해당하므로 근로시간으로 인정하지 않고 있습니다.

출장 중 사용자가 출장일정이나 시간에 대하여 특별한 지시를 하지 않고 근로자 임의로 휴일 또는 야간에 다음 목적지로 이동한 경우에도 야간 · 휴일근로로 보기는 어렵습니다.

- 근로시간으로 인정되는 경우

❶ 근로자가 출근 후 출장지로 이동하는 경우와 출장지에서 사무실로 복귀하기 위해 이동하는 시간

❷ 근로자가 사용자의 지시에 따라 전일 야간이나 휴일에 출장업무상 이동하는 것이 명백한 시간

❸ 취업규칙이나 단체협약 등에 의무화되어 있는 시간

❹ 해외 출장으로 공항에 도착한 이후 출 · 입국 절차, 비행대기 및 비행, 현지 이동 및 업무시간 등

- 근로시간으로 인정되기 어려운 경우

❶ 출퇴근에 갈음하여 출장지로 출근 또는 출장지에서 퇴근하는 경우

❷ 단체협약이나 취업규칙 등에 미리 정한 규정이 없는 출장업무를 위한 단순 이동에 불과한 경우

❸ 사용자의 특별한 지시가 없이 이루어진 근로자의 야간 또는 휴일 이동인 경우

❹ 전체적인 출장 업무 진행에 차질이 없는 범위 내에서 어느 정도 자유로운 이용이 보장되어 있는 경우

사례처럼 출장 시 이동 및 체류시간이 근로시간인지 판단하는 것은 매우 어렵습니다. 해당 시간이 사용자의 지휘 · 감독하에 놓여있는지를 명확하게 구분하기 어려운 경우가 대부분이기 때문입니다. 따라서, 사전에 취업규칙이나 단체협약으로 기준을 정해 두는 것이 좋습니다.

또한 출장 시간의 근로시간 해당 여부에 대한 노사 간 분쟁을 해소하기 위해 '근로기준법' 제58조 근로시간 계산의 특례제도를 활용한 간주근로시간제를 이용하는 것도 생각해볼 만합니다.

정글노동법 35화

지각 출근한 직원이 연장근로를 한 경우 수당 지급 여부

Q 무역업체 경영자로, 급여 산정만큼은 직접 챙기고 있습니다. 아침에 지각을 한 직원이 같은 날 야근을 해서 총 8시간을 일했다면 법정근로시간인 8시간 임금만 정산하면 되는 것 아닌가요?

사장님, 직원들 몇몇이 이의가 들어왔는데요.
뭐, 무슨 일인데?
기억하실지 모르겠지만.. 지난 달 지각한 복 대리 있잖아요.
아, 그거? 왜? 복 대리가 수당 달라고 그래?
네.. 바로 그..
정답!!
아니 그 자식, 정신 못 차리고! 지각한 다음 야근 좀 한 게..
내 성질 나오네
복 대리 말로는, 지각은 지각이고 야근은 야근 아니냐, 수당은 달라! 뭐 이렇게 얘길 하네요.
디퍼런트! 몰라?
아니, 하루 8시간 근무하기로 하고 8시간 근무했는데, 뭔 수당?!
버르장머릴...!!
네네.. 그렇게 전하죠.

A 무노동 무임금 원칙이란 노동하지 않은 근무시간에 대해 임금을 지급하지 않는다는 원칙을 널리 포괄하는 말로, 파업기간에 임금을 지급하지 않는다든가 근로자의 개인적 사정으로 근무를 하지 못한 시간에 대여 임금을 공제하는 등의 급여 지급원칙을 말합니다.

근로기준법은 임금을 '근로에 대한 대가'로 정하고 있기 때문에 '근로'를 제공하지 않은 부분에 대해서는 임금을 지급하지 않는 무노동 무임금을 원칙으로 하고 있으며, 현재까지는 법원의 판단 또한 같습니다.

이러한 무노동 무임금 원칙을 근태관리에 적용하면 다음과 같습니다.

• 기준임금

시간외근로 또는 연차유급휴가수당 지급의 기준임금과 같이 근태관리상 발생하는 근로시간 공제의 기준임금은 통상임금입니다.

• 지각 또는 조퇴

지각 또는 조퇴를 한 경우 지각 또는 조퇴로 인하여 근로를 제공하지 않은 시간만큼 공제해야 합니다. 만약 실제 근로하지 않은 시간보다 급여를 더 공제할 경우 이는 위약금을 미리 약정한 것으로 판단될 여지가 있으며, 결과적으로 임금체불 문제로 비화될 수 있습니다.

• 결근

결근으로 인하여 종일 근로를 제공하지 않은 경우에는 임금공제 기준일과 주휴수당 지급 여부 등 여러 가지 문제를 함께 고려하여 최종 공제할 금액을 산정해야 합니다.

❶ 결근한 날에 대한 임금을 공제하되, 달력상의 날짜를 기준으로 일할계산함.
❷ 결근한 주에 유급 주휴일을 주지 않아도 되므로, 주휴수당을 지급하지 않아도 무방함.

이때 같은 날 지각과 연장근로가 동시에 발생한다면 임금공제와 가산임금을 동시에 산정해야 하는지, 아니면 소정근로시간 내에서는 통상근무(8시간)로 처리해도 되는지에 따라 다툼이 발생할 수 있습니다.

일단 당사자 간에 당일의 시업 및 종업시간을 변경하지 않았다면 사업주의 입장에서는 근로자가 지각으로 인하여 근로를 제공하지 못한 시간에 대한 임금을 공제할 수 있고, 또한 단체협약이나 취업규칙 등에서 규정한 바에 따라 근무성적 불량 등에 대한 제재조치를 취할 수 있을 것입니다.

그러나, 당사자 합의 없이 지각한 시간과 연장근로시간을 1대 1로 공제하는 것은 불법입니다. 따라서 사례의 경우 사업주는 임금공제와는 별도로 연장근로시간에 대한 50%의 가산임금을 추가로 지급해야 합니다.

다만, 당사자 사이 합의에 따라 근로시간을 유연하게 운용하고 있거나 실제 법정근로시간 초과근무 여부를 파악하여 종업시간 이후 근로에 대해 연장근로수당을 지급해 온 사업장이라면 지각시간과 연장근로시간을 상계 처리하는 것도 가능할 것입니다.

정글노동법
36 화

당직·숙직·일직근무에 대해서도 연장근로수당을 지급해야 하나요?

Q 중소 섬유제조업체 총무팀 직원입니다. 자제나 제품창고 관리를 위해서 주말 당직근무 제도를 운영하고 있는데, 사장님은 통상임금만 계산해서 당직자에게 지급하라고 합니다. 주말에 출근하여 근무하는 것이니 휴일근로나 연장근로수당을 지급해야 하는 것 아닌지 궁금합니다.

이비가 대리! 근무표
이거 뭐죠?!
네, 사장님.
근무표요?
자재창고 당직자 란이 훤히
비었는데 이거 뭐냐구요?
요즘 다들 당직을
꺼려해서요.
뭐시??
당직비도 주고, 주말에 돌아가면서
창고 좀 지키라는데 그게 그리 어렵나?
아…
연장, 휴일수당도 안 주면서
뭔 그런 일을 시키냐고…;;;
아 요즘은 당직실에서 쉬다가 창고
한두 바퀴 도는 게 근로구나? 응?
좋은 세상이야
그쵸 그쵸?
그게…
요즘 분위기가
그게 아닌…

A 당직이나 일 · 숙직근무라 함은 본래 담당업무와 별개의 근로로써 사업장시설의 정기적 감시, 긴급문서 또는 전화의 수수, 기타 돌발사태 발생을 대비한 준비 등 경미한 내용의 근로를 단속적으로 수행하는 것을 의미합니다.

당직근무는 개별 근로계약이나 취업규칙 또는 관행으로 암묵의 합의에 의하여 실질적으로는 근로계약의 내용이 되어있는 경우와 사용자의 지휘 · 감독권에 근거한 지시명령이 있을 경우에는 당직근무의 의무가 있다고 봅니다. 이러한 당직, 일 · 숙직근로에 대하여 현행법은 구체적인 정의나 직접적인 규정을 하고 있지 않으며, 고용노동부는 '일 · 숙직근로자에 대한 노무관리 지도지침'을 통해서 관리를 하고 있습니다.

노무관리지도 지침

가) 일반원칙

- ○ 사업장 취업규칙(복무규정, 일 · 숙직규정 등 내규)이나 사용자의 일반적 지휘 · 감독권에 근거한 지시(명령) 또는 관행으로 이루어지고 있는 일 · 숙직은 본래의 업무와는 별도의 부수적 근로계약이 이루어진 것으로 본다.
- ○ 휴일, 연장, 야근근로라 함은 근로자의 본래의 업무를 휴일이나 기본 근로시간 이외의 연장시간 또는 야간에 근로하는 것을 말하므로 본래의 업무와 다른 일 · 숙직근로는 휴일, 연장, 야간근로로 볼 수 없으므로 이에 따른 본래의 통상임금을 기준으로 한 근로기준법 제56조의 수당지급의 문제는 발생하지 아니한다.
- ○ 일 · 숙직근로에 대해 일정액의 수당을 지급하는 경우에는 그것이 실비변상이라고 할만한 특별한 사정이 없는 한 이는 일 · 숙직근로의 대가인 임금으로 본다.

○ 일 · 숙직을 본래의 업무로 하는 근로자에 대하여는 이 지침의 적용대상에서 제외한다.

나) 형태별 노무관리지도 지침

○ 전형적인 일 · 숙직근로의 경우 '가)'의 일반원칙에 의거 지도할 것

○ 본래 업무와 구분하기 어려운 일 · 숙직근로의 경우에 일 · 숙직시간 중에 수행하는 업무의 노동강도가 경미할 경우에는 전형적인 일 · 숙직근로의 경우와 같이 지도할 것

○ 본래 업무와 구분하기 어려운 일 · 숙직근로의 경우라도 노동의 강도가 본래의 업무와 유사하거나 상당히 높을 경우에는,

- 본래의 업무와 별도로 일 · 숙직 수당이 지급되고 있는가를 판단해 본래의 업무에 상당한 임금이 지급되도록 할 것
- 본래의 업무에 대한 임금액에 일 · 숙직 임금까지 포괄해 결정되었을 경우에는 별도의 임금지급 문제는 발생하지 아니함.

한편, 대법원은 일 · 숙직근로와 통상의 근로시간을 비교하여 일 · 숙직근로의 모습이 그 내용과 질에 있어서 통상근로의 모습과 마찬가지라고 인정된다면 가산임금을 지급해야 할 것이라고 보고 있으며, 이와 달리 일 · 숙직근로가 전체적으로 보아 근로의 밀도가 낮은 대기성의 단속적 업무에 해당할 경우에는 일 · 숙직근로 중 실제로 업무에 종사한 시간에 한해 가산임금을 지급해야 할 것이라고 판단하고 있습니다.

사례의 경우 자재창고 숙직근무가 본래의 업무와 관계가 없고 근무내용 또한 당직실 대기나 창고 순찰 등 경미한 경우라면 별도의 가산임금(연장근로수당, 휴일근로수당 등)은 발생하지 않을 것입니다.

정글노동법

37화

지시 없이 자발적으로 연장근로를 한 경우에도 연장근로수당을 지급해야 할까요?

Q 취업규칙에 '연장근로 또는 휴일근로를 할 경우에는 사전에 회사의 승인을 받아야 한다.'고 규정하고 있습니다. 일부 직원이 승인 없이 연장근로를 한 뒤 수당지급을 요구하고 있는데, 이 경우에도 연장근로수당을 지급해야 하나요?

이대리, 이 연장근로수당 항목... 이게 뭐예요?
아 예. 노주임 수당이요?
개발실 직원들이 지난 달 프로그램을 짠다고 야근을 했나봐요.
아하… 그때…
저녁이랑 야식도 잔뜩 먹었나 보더라구요.
어휴 이게 무슨 고생…
52시간 근로는 어느 나라 얘기냐?
우리 회사는 연장근로 신청 미리 해야 수당을 준다고 했잖아요?
응?
네 그렇게 공지는 올렸는데... 그래도 그렇게 할 수 있나요?
전례도 그렇고…
아 그럼 공지 올린 이비가 대리가 줄려고? 그렇구나?
개념 좀 챙겨욧!
쪼옴~!
아 네네! 알겠습니다!

A 업무환경에 따라 마감일정 때문에 혹은 업무의 완성도를 위해 직원이 야근을 하는 경우가 있는 반면, 자리를 지키고 있는 상사의 눈치를 보느라 퇴근을 못하거나 높은 인사평가와 연장근로수당을 얻기 위해 스스로 야근을 하는 직원도 있습니다.

업무상 필요한 상황이 아님에도 불구하고 이루어지는 연장근로는 연장근로수당을 주어야 하는 회사의 입장에서도, 삶의 질을 저하시키는 일상을 보내야 하는 직원의 입장에서도 바뀌야 하는 기업문화입니다. 아울러 최근 1주 근로시간이 52시간으로 단축됨에 따라 일상적으로나 무분별하게 이루어지는 야근에 대해 회사가 더 적극적으로 통제할 필요성이 커지고 있습니다.

따라서 회사는 직원의 연장근로(야근)에 대하여 다음과 같은 순서로 사정을 판단하여 관리를 하는 것이 필요합니다.

1. 회사가 시간외근로를 통해 업무를 처리할 것을 지시했으나 연장근로수당을 지급하지 않은 경우: 회사가 야근을 지시하였으므로 예외없이 연장근로수당을 지급해야 합니다.

2. 회사가 업무 지시를 하거나 연장근로 신청을 승인하지는 않았으나, 직원이 소정근로시간 외 추가 근로를 제공하고 회사가 그 근로제공을 이의 없이 수령한 경우: 구체적이고 명확한 노무수령 거부의사 표시가 없었던 이상 연장근로수당을 지급해야 합니다.

   이때 명확한 노무수령 거부의사란, 해당 직원의 책상에 노무수령 거부 통지서를 두거나 해당 근로자의 PC에 노무수령거부 화면이 나타나도록 하는 등 구체적이고 개별적인 의사표시가 이루어져야 합니다.

3. 회사의 승인절차 없이 직원이 임의로 연장근로를 하고, 회사는 이를 사후에 파악하게 된 경우: 사전에 승인을 받아 연장근로를 실시하는 제도를 운영하고 있는 회사의 경우, 회사의 사전승인을 받지 않고 근로자가 자의적으로 실시한 연장근로에 대해서는 연장근로에 대한 수당을 지급하지 않아도 무방합니다

사례의 회사는 취업규칙에 연장근로를 신청하지 않은 근로자의 자발적 근로제공은 연장근로로 보지 않고 수당도 주지 않는다는 취지의 규정을 두고 있으므로, 연장근로수당을 주지 않아도 법 위반이 아닌 것으로 보입니다.

다만, 최근 법원이 현실적으로 연장근로가 필요함에도 불구하고 회사의 방침 때문에 사실상 연장근로 신청을 포기하는 분위기에 있는 직장이라면, 연장근로에 대한 사용자의 승인을 얻지 않았거나 연장근로신청을 하지 않았다고 하더라도 실제로 연장근로한 시간에 대하여는 그에 상당한 임금을 주어야 한다고 판단한 점도 함께 알아두기 바랍니다.

정글노동법

38 화

연봉제인데 별도로 특근수당을 주어야 하나요?

Q 중견 토목회사로 '연봉에 제수당을 모두 포함한다'는 조항이 있는 근로계약서와 연봉계약서를 운영하고 있습니다. 연봉·월급 총액에 이미 각종 법정수당을 포함하여 지급하고 있는 이상 별도로 시간외근로를 정산할 필요가 있을까요?

호주임, 이거 노동청 점검 결과 뭐지?
아! 저도 황당한데... 연장근로수당 미지급이라고
우리가 뭐 수당 안 준 게 있어? 대체 이거 뭐?
김천이랑 군산 현장?
현장 직원은 모두 포괄연봉제잖아? 시간외근로 포함해서?
딱! 정했지?
그렇기는 한데... 사람들이 빠릿하지 못해서
공기를 맞추다 보니 시간외근로를 많이 하나봐요. 그래봤자 지들만 손해죠 뭐...
아이구...
졸음운전 사고난다...
계약을 했으면 그렇게 해야지 정부에서 왜 이래라저래라야!
언어도단 아닌가!?
저야 백프로 납득 하는데 말이 통할지...

A 근로기준법상 소정근로시간을 초과하는 시간외근로에 대한 수당을 지급하는 방법은 통상시급을 기준으로 한 달 동안 실제 근로한 연장 근로시간에 가산임금 50%를 더하는 것입니다.

그러나 일부 기업들은 실제 근로시간을 산정하지 않아도 되는 관리상 편의를 위해서, 한편으로는 근로시간과 관계없이 임금수준을 일정하게 유지하기 위한 목적으로 연봉제를 운영하고 있습니다.

연봉계약서의 임금구성 조항에 "근로자의 연봉은 금 3,200만 원으로 한다. 연봉은 기본급과 법정수당을 합한 포괄임금으로 산정한다."는 식으로 규정함으로써 직원이 하는 연장근로에 대한 보상을 하는 것입니다.

이러한 관행은 과거 대법원이 "수당 산출이 어려울 경우 수당을 미리 합산해 일정한 급여를 지급하는 것도 허용된다."는 판결을 한 뒤로 많은 기업이 관리상 편리성 때문에 도입을 하였으며, 먼저 근로자의 월급총액을 결정하고 나중에 해당 총액임금을 구성 항목별로 쪼개는 방식으로 노동현장에 굳어져 왔습니다.

그러나 이러한 연봉제 계약방식은 시간외 근로에 대한 수당이 포함되어 있는 월급여는 고정되어 있는데, 연장 및 휴일근로 증가로 인하여 근무시간이 늘어나는 경우 – 연장근로를 할수록 시간당 임금은 줄어드는 불합리한 결과를 낳게 됩니다

이에 최근에는 다음과 같은 방식으로 해당 계약형태를 제한하거나 무효로 판단하고 있습니다.

- 회사와 직원 사이에 이와 같은 포괄 방식을 채택하겠다는 명시적 합의가 없는 경우에 포괄적 연봉계약 적용은 무효입니다.
- 계약 자체에 법적으로 문제가 없었더라도 연봉계약에 따라 직원이 받은 임금을 시급으로 환산했을 때 최저임금보다 적다면 차액만큼 수당을 추가로 지급해야 합니다.
- 예측할 수 있는 연장근로시간과 근로시간에 해당하는 수당을 산정하여 구체적으로 임금구성 항목을 작성하였다면 연봉제 계약은 유효합니다. 이때 계약의 내용이 직원에게 불이익이 없고 여러 사정에 비추어 정당하다고 인정되어야 합니다(예를 들어 연봉계약서의 근로시간 및 임금구성 항목을 ① 기본급 연간 2,400만 원(월 209시간×12개월), ② 연장 야간수당 240만 원(연간 120시간의 연장 · 야간 근로시간)으로 구성).
- 직원이 연봉제 계약에서 정한 연장 · 야간 근로시간을 초과하여 근로하는 경우 실제 근로한 시간을 계산하여 추가로 연장 · 야간 근로수당을 지급해야 합니다.

사례의 경우 연봉계약을 단순히 임금총액 안에 모든 시간외수당을 포함하는 형식으로 작성하였다면 원천적으로 무효인 계약이 되며, 임금구성을 기본급과 시간외근로 수당 형태로 분리한 경우에도 매달 직원의 실근로시간과 계약서상 시간외근로 시간을 비교하여 실근로가 더 많은 경우 차액을 추가로 지급해야 합니다.

정글노동법

39화

단시간 근로자의 초과근무에 대한 수당계산

Q 직원들이 5~6시간씩 교대로 근무하는 방식으로 매장을 운영하고 있는 명품매장 사업주입니다. 하루 8시간 한도 안에서는 추가로 근무를 하더라도 시급만 챙겨주면 되는지, 아니면 50% 추가된 수당을 지급해야 하는지 궁금합니다.

사장님, 또
고여사 건이에요.
허걱! 나 이러다
고여사 공포증
걸리겠어!!!
수신
차단
못하나?
일하는 동안 못 받았던
연장근로수당을 달라는데...
하루 5시간 근무시간
주 6일 근무했었지?
사장
하예노
일주일에 두어 번씩 8시간씩
근무를 했다네요.
실제로도
그렇고…
그때 8시간 임금 줬잖아?
뭘~
더 달래?
어이…
증말…
3시간은 연장근로 했잖아요!
당연히 수당도 주는 거라구요!
네네
이렇게 말하는데...
어쩌죠?
하루 8시간 근무
했으면 뭔 수당이야!
말도 안되지!

A 근로기준법은 법정근로시간(1주 40시간)을 초과하여 연장근로를 한 경우에만 가산임금을 지급하도록 규정하고 있기 때문에, 소정근로시간(근로계약서의 근로시간)을 초과하여 근로를 하더라도 법정근로시간을 초과하지 않은 경우에는 가산임금을 지급하지 않아도 됩니다.

이 기준을 단시간 근로자에게 그대로 적용하다 보니 소정근로시간을 법정근로시간보다 적게 정한 뒤 상시적으로 초과근로를 시키는 경우가 많아, 회사가 단시간 근로자에게 소정근로시간을 초과한 근로를 시킬 때는 가산임금(50%)을 지급하도록 법률이 개정되었습니다.

> '단시간 근로자'란 1주 동안 일하기로 한 근로시간이 그 사업장에서 같은 종류의 업무에 종사하는 통상근로자의 1주 동안의 소정근로시간에 비하여 짧은 근로자를 말합니다.

따라서 단시간 근로자는 근로계약서 등에서 정한 소정근로시간을 초과해 근무하면 연장근로시간을 포함한 총근로시간이 법정근로시간을 초과하지 않더라도 근로자의 개별적 동의를 얻어야 하며, 통상임금의 150%를 연장수당으로 지급해야 합니다.

사례와 같이 단시간 근로자의 근무시간이 1일 6시간이었고 1일 8시간 범위에서 근무하게 했다면 2시간은 단시간 근로자의 연장근로시간이 되며, 해당 시간에 대해서는 가산임금을 포함한 임금을 계산해 지급해야 합니다.

다만, 현행 근로기준법은 단시간 근로자를 1주 동안의 소정근로시간이 통상근로자보다 짧은 근로자로 정의하고 있기 때문에, 반드시 해당 사업장에 비교 대상 근로자인 통상근로자가 있어야 합니다.

만약, 사례의 매장이 통상근로자가 없으며 모든 직원들의 소정근로시간이 5~6시간으로 동일한 경우에는 1주 동안 소정근로시간이 법정근로시간보다 짧더라도 단시간 근로자로 볼 수 없습니다.

이 경우에는 법정근로시간 내에서 발생한 초과근무가 있더라도 회사는 가산임금 지급의무를 면하게 됩니다.

정글노동법
40 화

한 주의 일부 또는 전부를 연차로 사용한 경우, 주휴일을 부여해야 하나요?

Q 주휴수당은 1주일 중 출근의무가 있는 날 모두 사업장에 나와서 근무를 해야 임금에 포함해서 주는 것으로 알고 있습니다. 만약 연차 사용, 중도 입사, 중도 퇴사, 기타 여러 사정으로 주중 출근을 하지 않은 경우에도 주휴수당을 지급해야 하나요?

•
•
•

이봐 장과장, 주말에 생각 좀 해봤는데 말야...
고여사 배후에 누가 있는 거 아냐? 통통한 노무사?
그리고 우리도 맨날 이렇게 당하고 살 순 없잖아? 반격할 뭔가 없을까?
눈에는 눈! 이에는 이!
먹은건 갚아줘야지!
사장 하예노
참! 고여사 퇴직 전 밀린 연차를 다 썼는데, 일요일 끼고 한 주를 다 쉰 주가 있거든요.
쉬었다 일주일 뒤에 옵니다~
네… 부럽당
근데 그때도 주휴수당을 받아갔거든요.
아마…
분명…
그래~~? 주휴수당은 1주일 출근해야 주는 수당이잖아.
오라잇! 바로 이거!
오케이! 그거 토해내라고 해! 아님 소송하지 뭐!
변호사 알아봐!
저렴한 쪽으로!
네? 소...소송이요? (마인드 참 스몰하다...)

A 1주일 동안 무단결근 없이 출근하여 15시간 이상 근로를 하였다면 법적으로 주휴수당을 받을 수 있으며, 주휴수당 지급은 인턴, 수습, 비정규직뿐만 아니라 심지어는 일용직도 조건을 충족한다면 모두 지급받을 수 있습니다.

> 근로기준법 제55조(휴일)
> ① 사용자는 근로자에게 1주에 평균 1회 이상의 유급휴일을 보장하여야 한다.
>
> 근로기준법 시행령 제30조(휴일)
> ① 법 제55조 제1항에 따른 유급휴일은 1주 동안의 소정근로일을 개근한 자에게 주어야 한다.

규정의 '소정근로일'이란, 계약당사자 사이에 합의한 '근로 제공 의무가 있는 날'을 의미합니다.

• 1주 소정근로일 모두 연차휴가를 사용한 경우

근로기준법에 의한 연차유급휴가를 사용한 날은 근로 의무가 면제되므로 '근로 제공 의무가 있는 날'에 해당하지 않습니다. 따라서 주휴일 산정은 연차휴가를 사용한 날을 제외한 나머지 소정근로일을 개근한 경우 부여하되, 다만 해당 주의 전부를 쉬었을 경우는 부여하지 않아도 무방합니다.

• 주중 일부는 연차휴가를 사용하고 일부는 출근한 경우

소정근로일은 개근한 것이고, 나머지 연차휴가 사용일은 형식상 출근한 것으로 간주되기 때문에 주휴수당이 발생합니다.

• 연차 사용을 하지 않은 주중 출근일에 지각 또는 조퇴를 한 경우

일단 사업장에 출근을 하였다면 개근의 성립요건을 충족하게 되고, 지각 · 조퇴는 이에 영향을 미치지 않습니다.

• 주중 소정근로일에 무급휴가를 사용한 경우

회사가 무급휴가를 승인하여 근로제공의무를 면제하여 주었다면 유 · 무급의 구분 없이 모두 출근한 것으로 간주되며, 주휴수당이 발생합니다.

• 주중 결근하고 주말(휴일)에 출근하여 근무한 경우

주중 결근하였으므로 주휴일 또는 주휴수당이 발생하지 않습니다. 다만, 규정으로 일요일을 휴일로 정하고 있다면 결근한 직원도 휴일(무급휴일)이 부여되며, 휴일인 일요일에 근로를 제공하였다면 휴일근로에 따른 가산임금(50%)이 발생합니다.

사례와 같이 직원이 재직기간 중 1주 내내 연차휴가를 사용했다면 주휴수당은 발생하지 않으며, 착오로 인하여 수당을 지급하였다면 이를 정산하거나 환급 요청하는 것도 가능할 것입니다.

정글노동법
41화

유연근무제 도입이 필요한 회사는?

Q 정부의 52시간 근로시간 단축 방침에 따라 대책을 마련하고 있는 인사 담당자입니다. 외부 영업이나 물류배송 등으로 외근이 잦은 회사 특성에 맞는 유연근무제는 어떤 것이 있을까요?

요즘 중국산 원단 수입이 힘드니
우리 원자재한텐 호기네, 그쵸?
네 사장님. 그런데 공장을
교대로 돌리려니 일이 많아
직원들도 나름 좋아하네요.
공장은 그런데요, 영업하고
물류쪽이 불만이 많습니다.
들어보니 나름
이해는 되던데…
거래처 일정 맞추느라고 수시로
8~9시에 미팅이 잡힌다고 불평을
하더라구요.
어휴 요즘
매번 회의가
저녁이야…
아니, 일 없는 날엔 4시면 현장 퇴근하는
거 뻔히 아는데, 뭔 불만이야, 불만이!
안 그래요, 이대리?!
으르렁~!
야호~~~
이런 날도 있어야지~
아 맞다! 그럼 이쪽도 유연
근무제를 한번 알아볼까요?
아유 빠르셔라. 말 안하면
내년쯤 알아봤겠네? 그쵸?
네네. (괜히 말하고
욕 먹네. 황당…!)

A 일반적으로 유연근무제란, 근로자와 사용자가 근로시간이나 근로 장소 등을 선택 · 조정하여 업무의 효율성을 높임과 동시에 일과 생활의 균형을 조정할 수 있는 제도를 말합니다.

최근에는 기업들이 개정된 단축 근로시간 기준을 맞추기 위하여 법정 유연근무제 도입을 고려하고 있는 가운데, 코로나19로 인하여 재택근무, 원격근무 등의 IT 기반 관리제도를 긴급하게 도입하려 계획하고 있습니다.

이 가운데 근로기준법이 정하고 있는 주요한 유연근무제는 다음과 같습니다.

• 탄력적 근로시간제

일정한 단위기간을 평균하여 1주간의 근로시간이 40시간을 초과하지 않는 범위에서 특정한 주에 40시간, 특정한 날에 8시간을 초과하여 근로하게 할 수 있는 유연근무제로, 제도의 유형에는 2주 이내 탄력적 근로시간제와 3개월 및 6개월 이내 탄력적 근로시간제가 있습니다.

탄력적 근로시간제는 주로 계절적 영향을 받는 업종, 업무량이 주기적으로 많은 업종에서 많이 사용합니다.

• 선택적 근로시간제

취업규칙에 따라 업무의 시작 및 종료 시각을 근로자의 결정에 맡기기로 하는 유연근무제로, 이 제도에 따라 근로자는 1개월 이내의 정산기간을 평균하여 1주간의 근로시간이 40시간을 초과하지 않는 범위에서 주 40시간, 일 8시간을 초과하여 근로할 수 있습니다.

자율적인 업무스케줄 관리가 요구되는 연구직, 판매 비중이 높은 도소매 업종 등에서 활용하는 유연근무제 형태입니다.

• (사업장 밖)간주근로시간제

근로자가 출장 그 밖의 사유로 근로시간의 전부 또는 일부를 사업장 밖에서 근로하여 근로시간을 산정하기 어려운 경우에는 사전에 합의한 소정근로시간을 근로한 것으로 보는 제도입니다.

업종 특성상 영업직, A/S업무, 출장업무가 많은 서비스 분야는 도입을 검토하는 것이 필요합니다.

• 재량근로시간제

업무의 성질에 비추어 업무 수행 방법을 근로자의 재량에 위임할 필요가 있는 업무에 대해 사용자와 근로자대표가 서면 합의로 정한 시간을 근로시간으로 보는 제도입니다.

회사가 개별 업무에 대한 구체적 관리가 어려운 연구개발, IT, 방송 등 법에서 정한 업종에 도입이 가능합니다.

유연근무제를 도입하려면 ① 근로자대표와 서면합의, ② 근로자와 근로계약서를 다시 작성해야 하며 도입하는 제도의 적용범위에 따라 ③ 취업규칙 변경도 같이 고려해야 합니다.

사례의 사업장처럼 영업, 출장업무가 많고 사무실 출입을 자제해야 할 필요가 있는 경우에는 사업장 밖 간주근로시간제 도입을 검토하되, 상황에 따라 재택근무제나 원격근무제를 혼용하는 방법도 고려하는 것이 좋습니다.

정글노동법

42 화

퇴직금 중간정산이 가능한 범위는 어디까지인가요?

Q 최근 임금피크제 도입을 논의 중인 회사에 재직하고 있는 직원입니다. 임금피크제 시행으로 급여가 삭감되면 퇴사할 때 받게 되는 퇴직금이 크게 줄어들게 되는데, 미리 퇴직금을 받을 수 있는 방법이 있을까요?

사장님, 지시하신 임금피크제 검토 보고서 올렸습니다.
오, 호주임. 봤어. 2안이 괜찮더군.
그런데 아시겠지만 임금피크제를 시행하면 퇴직금이 요동을 쳐서…
이건 말씀 드려야 할 것 같은데요…
너도나도 중간정산을 신청할 거 같던데…
중간정산 말야…
나 얼마 받을 수 있을까?
저한테 따로 물어보는 고참 부장, 국장도 많아서요.
아니, 몇 년 전에 중간정산은 어렵게 법이 바뀌지 않았어?
나눠주면 좋긴 하지만…
LAW
아마 임금피크제도 퇴직금 중간 정산 사유일 겁니다.
중간정산 해주세요~
허어… 이 사람 희미하게! 분명히 좀 알아보자구!
밤에 클럽 약속했는데… ㅠㅠ
자강불식! 그 지식 어디 가나?
네네… 죄송합니다.

A 2012년 7월 26일부터 퇴직하기 전에 퇴직금을 정산하는 제도나 관행이 원칙적으로 금지되었습니다. 본래의 취지와는 달리 매년 퇴직금을 정산하여 지급하거나 월급에 포함하여 지급하는 등 문제가 빈발했기 때문입니다.

다만, 예외적으로 8가지 특별한 사유에 한해서 중간정산을 허용해주고 있는데, 주요한 사유로는 ① 주택구입이나 임차, ② 부상이나 질병의 치료가 있으며 그 밖에도 ③ 파산 또는 ④ 근로조건 변경에 따라서도 정산이 가능합니다.

중간정산이 가능한 사유를 구체적으로 살펴보면 다음과 같습니다.

❶ 무주택자인 자가 본인 명의로 주택을 구입하는 경우

❷ 무주택자가 주거를 목적으로 전세금, 보증금을 부담하는 경우(한 직장에 근로하는 동안 1회 한정)

❸ 6개월 이상 요양을 필요로 하는 질병, 부상에 대한 요양비를 부담하는 경우(환자가 본인, 배우자, 부양가족인 경우)

❹ 퇴직금 중간정산 신청일부터 역산하여 5년 이내에 근로자가 파산선고를 받은 경우

❺ 퇴직금 중간정산 신청일부터 역산하여 5년 이내에 근로자가 개인회생절차 개시 결정을 받은 경우

❻ 사용자가 정년을 연장 · 보장하는 조건으로 임금을 줄이거나, 소정근로시간을 변경하여 3개월 이상 근무하기로 한 경우

❼ 사업주가 근로자와의 합의에 따라 소정의 근로시간을 1일 1시간 혹은 1주 5시간 이상 변경하여 해당 변경된 근로시간에 따라 근로자가 3개월 이상 근로할 경우

⑧ 그 밖에 천재지변 등으로 피해를 입는 등 고용노동부장관이 정하여 고시하는 사유와 요건에 해당하는 경우

회사는 근로자가 요구하는 경우에 해당 근로자의 계속근로기간에 대한 퇴직금을 미리 정산하여 지급할 수 있으나 의무적으로 정산해야 하는 것은 아니며, 퇴직금을 미리 정산하여 지급한 후의 퇴직금 산정을 위한 계속근로기간은 정산 기점부터 새로 계산하게 됩니다.

사례와 같이 임금피크제 도입은 '사용자가 정년을 연장 · 보장하는 조건으로 임금을 줄이는' 것에 해당하므로, 이를 이유로 회사에 퇴직금 중간정산을 요청할 수 있습니다.

다만, 퇴직연금제도를 시행하고 있는 사업장의 경우 퇴직금을 확정기여형(DC)으로 선택한 사람만이 중간정산을 받을 수 있고, 확정급여형(DB)을 선택한 사업장은 정산이 불가능합니다.

정글노동법

43화

왜 의무적으로 취업규칙을 작성해야 하나요?

Q 요즘 같은 불경기에도 매출이 늘어 매장을 늘리고 있는 기업의 인사노무 담당자입니다. 직원 수가 10명 이상이면 취업규칙을 의무적으로 만들어서 관리해야 한다는데 사실인가요?

사장님, 노동청에서 취업규칙
신고 안내가 왔네요~.
뭐? 취업규칙?
우리 같은 구멍
가게가 뭔...
연초에 오픈한 2호점을 합치니
11명이 되긴 하던데요?
아 맞다!
2호점…
사장
하예노
11명?
11명이 왜?
직원 수 10명이 넘으면
만들어야 하는 거라서요.
취업
규칙
뭐? 그런 게 있어?
어유…. 귀찮아.
쯥~
요즘 유행병 때문에 손님 오는 걸
보니, 다음 달엔 두세 명 잘라야 할 걸?
네에?! 아니…
그런 막말을…
모르겠고, 우리 다음 달로 9명 된다,
그래도 만들어야 되냐고 물어봐!!
퇴직요구
뿜뿜!
네네... —.—

A 취업규칙이란 근로계약에 적용되는 근로조건이나 복무규율 등에 대하여 사용자가 구체적으로 작성 · 명시해 놓은 규정으로 해당 사업장에서 근무하는 근로자들에게 일괄적으로 적용하는 공통규칙을 의미합니다.

인사규정, 급여규정, 취업규정, 정관 등 임금, 근로시간 등 근로조건이나 근무하는 동안 지켜야 할 복무규율 등에 관한 내용을 담고 있으면 그 명칭을 불문하고 모두 취업규칙에 해당합니다.

상시근로자가 10인 이상인 경우 반드시 취업규칙을 작성하여 관할 노동부 지방사무소에 신고하고 사업장에 비치하도록 하고 있으며, 취업규칙의 작성은 사업장 단위로 보아야 하지만 사업의 종류에 따라 여러 사업장이 동질성을 가지고 있는 경우에는 두 개 이상의 사업장에서 사용하는 근로자가 10인 이상인 경우에도 작성해야 합니다.

노동법이 일정 규모 이상의 사업장에 취업규칙을 의무적으로 작성하게 하는 까닭은 다음과 같습니다.

❶ 인사관리 및 복무관리에 대한 명확한 기준을 설정하여 근로자들의 태도 통일
❷ 인사노무 방침이나 지시 불이행, 사내 질서 문란에 대한 제재근거 마련
❸ 업무방침, 업무관행을 설정하여 문제 발생 시 책임 소재 파악
❹ 업무경비나 복리후생 등 비용지출의 기준 설정으로 불필요한 경비 절감
❺ 서식이나 규정 등의 문서 표준화로 업무효율 촉진 등

취업규칙에 반드시 모든 인사노무 관리에 대한 세부 기준을 작성할 필요는 없지만, 적어도 회사의 전반적인 복무관계를 규율할 수 있는 내용을

담고 있어야 합니다. 따라서, 규모가 크지 않은 사업장에서는 여러 가지 다양한 규정을 별도로 만드는 것보다는 하나의 취업규칙에 통합시켜 시행하는 것이 편리할 수 있습니다.

반면 기업 규모가 크고 다양한 형태의 고용이 이루어지는 사업장의 경우나 공공기관과 같이 매년 크고 작은 규정을 변경해야 할 때에는, 필요에 따라 취업규칙을 여러 종류의 규정으로 나누어 관리하는 것이 좋을 수도 있습니다.

회사가 최초로 취업규칙을 작성하거나 기존에 있던 규칙을 변경할 때에는 법률로 정해진 절차에 따라야 합니다. 회사에 근로자의 과반수로 조직된 노동조합이 있는 경우에는 그 노동조합의 의견을, 근로자의 과반수로 조직된 노동조합이 없는 경우에는 근로자 과반수의 의견을 들어야 합니다. 다만, 취업규칙을 근로자에게 불리하게 변경하는 경우에는 그 동의를 받아야 합니다.

사례의 경우와 같이 고용 중인 직원 수가 10명이 넘은 경우 취업규칙을 작성 · 신고해야 하는 의무가 발생하며, 향후 10명 미만으로 줄 가능성이 있다는 점 등을 고려하지 않습니다.

또한 취업규칙의 작성(제정 및 변경) 권한이 사용자에게 있는 만큼 처음으로 취업규칙을 작성하여 신고서를 제출할 때에는 신고서, 취업규칙 사본과 함께 대상 근로자 과반수의 의견을 청취했거나 동의 서명을 받은 명단을 제출해야 합니다.

정글노동법
44화

취업규칙보다 유리한 근로계약을 체결한 경우, 둘 중 어느 쪽이 적용되나요?

Q 취업규칙을 제정하다 보니 기존 관행이나 근로계약서 조항이 맞지 않는 부분들이 있어 고민인 경영지원 담당자입니다. 취업규칙 적용 취지를 생각하면 개별 근로계약이나 관행보다 우선 적용해야 할 것 같은데, 그래도 될까요?

장과장! 그 취업규칙인가 뭔가 다 만들었어?
네발짐승용
사장실
네... 노동부 표준취업규칙을 갖고 만들고 있는데요... 좀 문제가…
또 뭐!
째릿!
저희 매장 근무가 좀 그렇다보니 직원 휴가일수가 좀 많잖아요?
어휴. 손님들 부대껴~
그래서 매장 직원들 계약서 휴가 일수가 취업규칙보다 많더라구요.
00일
00일 +α
취업 규칙
아니, 그럼 당연히 취업규칙에 맞춰야지. 새로 만든 건데.
노동법 만세!
앗싸~ 이런 쾌가 있었네!
아니, 그게... 그럼 직원들이 난리난리가 날 텐데…
나부터도…
노동법은 호구야? 일단 법대로 밀어붙여~!

A 회사를 운영하거나 회사에 근무하다 보면 사업주와 근로자 사이를 규율하는 많은 규범이 있으며, 그 가운데 대표적인 규범이 사업주와 근로자가 체결하는 근로계약입니다.

그 밖에 근로자를 보호하는 근로기준법을 비롯한 노동관계법령이 있고 사업주가 일방적으로 작성하는 취업규칙, 노동조합이 있는 기업에서 체결하는 단체협약 또한 노사 양쪽의 규범이 됩니다.

각 규범은 법령인지 당사자 사이의 계약이나 협약인지 아니면 일방이 작성한 규칙인지에 따라 작성 주체가 다르고, 노사 양자가 합의한 계약이라 하더라도 동일한 시점에 동일한 당사자가 합의한 계약이 아닌 경우도 존재합니다. 최초 근로계약을 제외한 여타 규범들은 시간이 지남에 따라 내용을 갱신해 나가기 때문에 규범 상호 간 충돌하는 경우도 많습니다.

이번 사례 역시 근로계약서를 먼저 작성하고 취업규칙이 나중에 제정되어 양쪽의 내용이 충돌하는 경우, 원칙적으로 어느 규범을 중심으로 이해관계를 조정해야 하는 것인가에 대한 문의인 것으로 보입니다.

두 개 이상의 규범이 충돌할 경우, 일반적인 법 해석 및 적용은 '상위법 우선' 원칙에 따릅니다. 더 높고 포괄적인 규범이 우선한다는 기준에 따라 '헌법 〉 관계법률 〉 단체협약 〉 취업 규칙 〉 근로계약' 순으로 상위법을 우선 적용하는 방식입니다.

그러나 노사관계에서 상대적 약자인 근로자를 보호하는 취지가 강한 노동관계규범에서는 일반적인 법 적용 원칙과 달리, '유리한 조건 우선' 원칙을 상위법 우선의 원칙에 앞서 적용합니다.

유리한 조건 우선 원칙이란 노동법의 여러 규범 가운데 근로자에게 가장 유리한 조건을 먼저 적용하는 것을 말하며, 각종 법률, 단체 협약, 취업규칙, 근로계약, 노동관행 중 근로자에게 가장 유리한 조건을 정한 규범을 우선해 적용하는 것을 말합니다.

최근 과반수 노조 동의로 임금피크제를 도입했더라도 개별 근로자 동의가 없다면 적용할 수 없다는 대법원 판결이 나온 것 또한 이러한 원칙이 적용되고 있음을 보여주는 대표적인 판례라고 할 수 있습니다.

법률이 정한 바에 따라 노동조합의 집단적 동의를 받아 근로자에게 불리하게 취업규칙이 변경된 경우라 하더라도 '유리한 조건 우선 원칙', '근로조건 자유결정의 원칙'은 지켜야 한다는 것입니다.

사례의 경우 근로계약서와 취업규칙이 서로 다른 기준을 가지고 있다면 취업규칙의 기준을 적용하는 것을 원칙으로 해야 하나, 근로계약서의 휴가 규정이 근로자에게 유리하다면 이 기준을 취업규칙보다 우선적으로 적용해야 합니다.

하예노 사장(38세)

4인이 다니는 홍대 앞
의류매장 사장님

경박하지만 잔꾀가 많음.
똑똑한 척 하지만 좀 단순하고
실수 투성이?

아직 미혼이지만, 사귀는 착한
여자가 있음.

취미: SNS, 자기 자랑

장호비 과장(33세)

하예노 사장의 의류매장 직원

의외로 순순한 성격이 아니고,
잔머리를 쓰는 편

집에 돈이 없어서 취직을 해서
괴로워함.

사장과 은근히 맞먹으려고 함.

취미: 온라인 바둑

Jungle labor law character

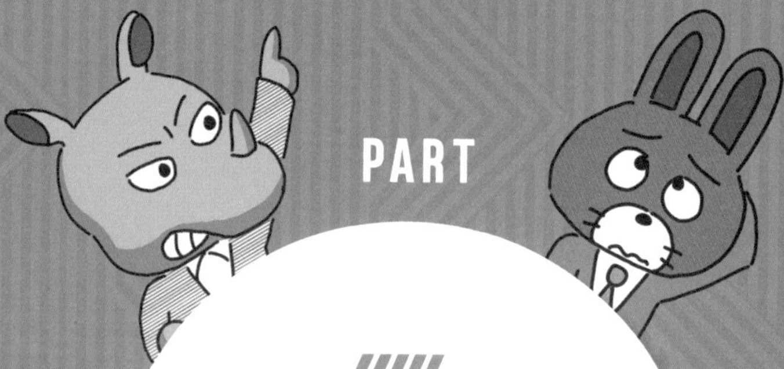

PART

4

휴일, 휴가, 휴직

정글노동법
45화

1년 만에 연차수당이 26개라고?

Q 1년 계약직 직원 퇴사와 관련하여 금품청산 때문에 고민하고 있는 인사 담당자입니다. 퇴직할 때 재직 중 사용 가능했던 11개의 연차 외에 2년 차에 발생하는 15개의 연차를 추가로 보상해 주어야 한다는데 사실인가요?

•
•
•

우대리~~~~~~!!!
빨랑 와봐~!
네네, 사장님
왜요, 왜요?
1년 계약직 퇴직자 토돌군
퇴직 결재 올렸더만.
네, 이달에 그만두게
하라고 하셔서...
그랬지!
근데 얘 연차수당 정산이
26일치... 이게 말이 되니?
아, 아마
맞을텐데...
동공
지진
계약기간이 1년이지?
네.
맞아요
입사 1년에 연차가 26개?
이게 말이야, 방구야?
전 그걸로 알고 있는데...
다시 살펴보겠습니다.
꽥꽥!
두근
두근
토사원이 노동부 가이드북
보여준 건데... 내가 속았나?

A 고용 관계에 있어서 가장 기본적인 부분이면서도 가장 많은 사례와 행정해석이 쌓이는 분야 중 하나가 연차휴가입니다. 최근 3~4년 사이에 여러 가지 제도적 변화가 있어 새로운 기준을 파악하지 못하는 경우도 종종 발견하게 됩니다.

원칙적으로 연차유급휴가는 '사업주가 근로기준법이 정한 바에 따라 일정 기간을 근무한 근로자에게 유급으로 주는 법정 휴일'을 의미하며, 여기서 일정 기간은 사회상을 반영한 법 개정에 의해 지속적으로 개선되어 왔습니다.

법정 월차유급휴가가 있던 과거에는 최초 1년간 일정 비율 이상 출근한 근로자에게 주는 연 단위 유급휴가였으나, 월차가 폐지되고 주 40시간 근무제가 시행되며, 연차휴가도 발생 및 사용기준이 계속 변화하였습니다.

특히 2017년 5월 29일 개정 적용된 근로기준법에 따라 계속 근로기간이 1년 미만인 직원에게도 매월 1일의 연차휴가가 따로 부여되어, 회사는 연차관리에 상당한 부담을 떠안게 되었습니다.

이전까지는 입사 후 최초 1년간 사용한 연차휴가를 2년 차에 발생하는 15개의 연차휴가에서 공제하는 것이 가능했기 때문에, 입사일로부터 2년간 발생하는 총 연차가 15일이던 것이 이 시점부터 공제할 수 없는 별도의 휴가로 인정받게 되었기 때문입니다.

변경된 기준에 따른 연차개수는 다음과 같습니다.

[2017년 개정 전]

근로 연수	0~1년	2년	3~4년	5~6년	7~8년	...	19~20년	21년~
연차 기간	15일 (2년 합산)	15일	16일	17일	18일	...	24일	25일

[개정 후]

근로 연수	0년	1~2년	3~4년	5~6년	7~8년	...	19~20년	21년~
연차 기간	11일 (매달 1일)	15일	16일	17일	18일	...	24일	25일

한편 연차휴가를 사용할 권리는 근로자가 1년간 소정의 근로를 마친 대가로 취득하는 것이므로, 근로자가 일단 연차유급휴가권을 취득한 후에 연차유급휴가를 사용하기 전에 계약만료나 퇴직 등의 사유로 근로관계가 종료된다 할지라도 연차휴가수당을 청구할 권리는 그대로 남게 됩니다.

따라서 사례와 같이 1년 계약이 종료되어 퇴사하는 근로자는 근로관계가 종료될 때까지 사용하지 못한 첫해 연차휴가일수와 함께 만 1년을 근속함으로써 새로 발생한 15개의 연차 전부에 상응하는 연차휴가수당을 청구할 수 있으며, 회사는 이를 지급해야 합니다.

참고로 연차휴가는 5인 이상 상시근로자를 사용하는 사업장에 적용되는 법정휴가로 직원이 4명 이하인 경우에는 연차휴가가 발생하지 않는다는 점도 기억해 두어야 합니다.

정글노동법
46화

중도퇴사자와 정산할 연차는 몇 개인가요?

Q 4년 넘게 근무하다 지난 달에 퇴직한 직원이 올해 일한 기간을 일할 계산해서 연차수당을 지급해 달라고 합니다. 사장님은 연차는 1년을 다 채워야 생기는 거라 따로 줄 것이 없다고 하는데, 어느 쪽이 맞는 걸까요?

우대리, 나간 펭대리 연차수당을
추가로 달라니 이거 무슨 소리야?
네. 그게 저도 좀
이해가 안되긴 하는데
제가 4년 11개월 있다 나갔으니
11개월분 연차수당은 줘야죠?!
라고
하네요.
아니, 1년 다녔다고 다음 해
연차를 준다는 것도 황당한데
펭대리
그 자식…!
연차가 1년의 80%만 나와도 주는 거니
1년을 다 안 다녀도 일할로 줘야죠?
라고 또…
1년도 다 안 다녔는데 다음 해
연차가 나온다는 게 말이나 되니?
거품 물게 하네!
내가
게도
아닌데!
사장님… 이건 제 능력
밖인가봐요… ㅠ.ㅠ
열정!
또르르
네*버, 다*에 물어
보기라도 하라궃~!

A 대부분의 근로자들은 근로계약 중간에 퇴사합니다. 보통 회사는 연 단위로 직원을 관리하기 때문에 회계연도 중간에 직원이 나가는 것이 대부분이며, 자신의 입사일로부터 연 단위를 딱 채우고 그만두는 경우는 비교적 드문 편입니다.

이렇게 근로계약 기간 중간에 퇴사를 하는 경우 많은 근로자들이 연차 사용이나 수당으로 인한 문제에 대하여 고민을 하게 됩니다. 재직기간이 1년이 넘으면 1년간의 근로 제공에 대하여 15일 이상의 연차를 받을 수 있다는 사실은 알고 있으나, 1년이 아닌 그 중간에 퇴사하게 되는 경우 그동안 일한 것에 대한 연차, 즉 1개월에 1일의 연차 혹은 1년을 채웠다면 받을 수 있을 연차에 비례하여 수당을 제공받아야 하는 것이 아니냐는 생각이 들게 되는 것입니다.

기본적으로 연차휴가에 대하여 근로기준법은 다음과 같이 정의하고 있습니다.

> 제60조(연차유급휴가)
> ① 사용자는 1년간 80퍼센트 이상 출근한 근로자에게 15일의 유급휴가를 주어야 한다.
> ② 사용자는 계속하여 근로한 기간이 1년 미만인 근로자 또는 1년간 80퍼센트 미만 출근한 근로자에게 1개월 개근 시 1일의 유급휴가를 주어야 한다.

문제가 되는 것은 위의 근로기준법상의 연차에 대한 규정 중 '1년간 80퍼센트 이상 출근한 근로자에게' 연차휴가를 주게 되어 있다는 점으로, 이를 그대로 이해한다면 1년 이상 근로한 자가 중도에 퇴직한 경우 1년간이라는 기준을 충족시키지 못하기 때문에 중도퇴직한 연도에 해당하는 연차는 전혀 보장받지 못하는 것으로 해석될 수밖에 없습니다.

하지만 임금 외에도 휴일, 휴가에 대한 관심과 WLB(Work－Life Balance)가 삶의 중요한 지표가 되면서, 1년 이상 근로한 근로자가 중도에 퇴직하는 경우 중도퇴직 전 1년 미만의 근로에 대한 연차를 보장하지 않는 근로기준법 해석에 대하여 끊이지 않은 다툼이 있었습니다.

이에 대하여 지난 2015년 헌법재판소가 다음과 같이 해당 규정의 정당성을 판단하였습니다.

당시 헌법재판소는 중도퇴직자의 연차를 보장하지 않는 근로기준법에 대해 15일의 연차는 1년간의 근로와 출근율 80퍼센트 이상일 것을 요건으로 정하고 있고 중도퇴직자는 중도퇴직한 근로연도에 직전 근로연도의 근로에 따른 연차를 보장받기 때문에 충분히 정신적 · 육체적 휴양의 기회를 부여받을 수 있다고 하면서 중도퇴직자의 연차를 보장하지 않는 근로기준법은 정당하다는 결정을 하였습니다.

따라서 사례와 같이 중도퇴사하는 근로자는 중간에 퇴직한 연도의 연차를 보장해 달라거나 사용하지 않은 연차에 대한 수당을 지급해 달라는 요구를 할 수 없습니다.

다만, 전년도 근무를 통해 이미 발생한 연차에 대해서는 미처 사용하지 못한 연차일수 만큼 퇴직금품 청산 시점에서 수당으로 정산해야 한다는 점도 잊지 않기 바랍니다.

정글노동법
47화

회계연도를 단위로 연차휴가를 관리하는 법

Q 최근 직원 수가 늘어서 직원별로 연차관리를 하는 것에 어려움을 겪고 있습니다. 주변에 회계연도인 1월 1일부터 12월 31일을 단위로 연차관리를 하는 회사들이 있던데, 저희도 그런 제도 시행이 가능할까요?

* 도박신고는 국번없이 1336

A 연차휴가란 지속적인 근로로 인하여 지친 육체와 정신을 쉬게 하여 노동의 재생산 유지와 문화적인 생활 확보를 위해 마련한 법적 장치로, 근로기준법 원칙상 연차휴가는 근로자 '개인별 입사일'을 기준으로 해 산정 · 부여하면 됩니다.

하지만 근로자 수가 많은 사업장의 경우, 근로자 개인별 입사일을 기준으로 개별적으로 연차휴가를 산정해 부여하는 것이 쉽지 않고, 연차휴가의 사용촉진제도를 활용하는 것도 간단하지 않은 것이 현실입니다.

이에 근로계약서나 취업규칙 또는 단체협약에 '연차휴가는 근로기준법에 따라 지급한다.'는 규정이 명시되어 있음에도, 실제로는 사용자가 노무관리의 편의를 위해 '회계연도' 기준으로 모든 근로자에게 연차휴가를 일률적으로 관리하는 경우가 많습니다.

고용노동부는 회계연도 기준 연차휴가 관리를 허용하면서, "연도 중 입사자에게 불리하지 않게 휴가를 부여"하고, 퇴직시점에서 "총 휴가일수가 근로자의 입사일을 기준으로 산정한 휴가일수에 미달"하지 않도록 정산하면 된다고 기준을 제시하고 있습니다.

대표적인 회계연도 기준으로 연차를 부여하는 방법은 다음과 같습니다.

① 연중 입사일을 고려하여 첫해 연차를 비례 부여하는 방식

입사 이듬해 1월 1일에 15일의 연차휴가를 근속기간에 비례해서 지급하면서 입사일을 다음연도 1월 1일로 하여 이후 연차휴가를 부여하는 방식입니다.

이 방식은 회계연도별로 휴가를 관리함으로써 휴가의 관리와 연차휴가 사용촉진조치를 쉽게 할 수 있고, 근로기준법에 의해 연차휴가를 정확히 정산해 지급할 수 있는 장점이 있으나, 퇴직할 때 연차휴가를 개인별로 재정산할 때 시간이 소요되고, 근로자가 연차휴가를 부여받기 위해 퇴직일자를 늦추게 되는 문제점이 있습니다.

② 입사일과 관계없이 연차를 사전 지급한 후 퇴직시점에서 사후정산하는 방식

입사 연도의 다음 해 1월 1일을 입사 2년 차로 가정하여 15일의 연차휴가를 전부 미리 부여하고, 이후 회계연도를 기준으로 연차휴가를 미리 지급하는 형태로 관리하는 방식입니다.

이 방식의 장점으로는 연차휴가 관리와 연차휴가 사용촉진 조치가 용이하며, 근로자의 퇴직시점에 상관없이 연차휴가가 정산되어 지급되기 때문에 퇴직일로 인한 다툼을 막을 수 있습니다. 다만, 기준일에 실제로 회사가 입사일을 기준으로 산정한 연차휴가일수보다 더 많은 연차휴가를 부여해야 한다는 점에서 관리상 어려움이 있을 수 있습니다.

따라서 사례의 회사는 회계연도인 1월 1일부터 12월 31일을 단위로 연차관리를 하는 등 형편에 맞는 방식으로 연차제도를 운영할 수 있으며, 그 밖에도 근로자에게 불리하지 않은 범위에서 회사의 실정에 맞는 연차휴가제도 운영이 가능합니다. 다만, 연차관리 또는 정산 시점에서 직원별로 통일된 기준을 적용하지 않는다면 차별이나 퇴직 후 수당 정산에 다툼이 발생할 수 있으니 유의하기 바랍니다.

정글노동법

48 화

연차휴가 소진 후 병가를 사용하는 인사규정에 대하여

Q 주말에 조기축구를 하다 다리를 다친 직원이 병가를 신청했습니다. 회사 내규에 따라 연차휴가를 먼저 사용하고, 연차를 모두 소진한 뒤에도 계속 치료가 필요하면 병가를 쓰는 것으로 안내를 했는데 문제가 없을까요?

영업팀 고뿔 차장이
병가를 신청했는데요.
조기축구를 하다가
정강이에 금이 갔다네요.
건강을 지키려다가
몸이 망가지는구만.
참 가지가지
하시네...
그럼 연차 다 쓰고
병가 신청하라고 해욧!
쯧!
고차장 연차가 있긴 한데 분명
가을에 외국 간다고 했었는데...
이대리, 취업규칙에 어떻게 나와 있지?
연차 모두 소진한 다음 병가 아냐?
그래도 연차를 강제로
쓰라고 할 수 있나요?
아 그럼 법에도 없는
병가는 줘야 하는 거구?

A 최근 전염병으로 인한 재택근무나 원격지 근무 등 유연근무제도와 함께 질병이나 부상으로 인한 휴업, 휴가 등 각종 인사제도에 대한 관심이 높아지고 있습니다.

특히 병가제도가 있는 회사에서 업무 외 질병 또는 부상으로 인해 근로자가 병가를 신청하였을 경우, 회사가 해당 근로자에게 연차휴가를 선 소진하도록 하는 것이 문제가 없는 것인지에 대한 문의를 자주 접하게 됩니다.

• 병가제도

근로기준법이나 산재보상보험법 등 노동법에서는 업무 외 질병 또는 부상 등 근로자의 개인사정을 이유로 휴가를 사용하는, 일명 '병가'에 대하여 별도로 규정하고 있지 않습니다.

업무 외 질병이나 부상은 근로계약관계에서 발생하는 직접적인 문제가 아니기 때문에 원칙적으로 사적 영역에 속하게 되며, 따라서 일반적으로 병가와 관련해서는 취업규칙이나 노사협상을 통해 만들어지는 단체협약 및 기타 관련 내규 등으로 규정하여 운영하고 있습니다.

• 연차 선 소진 의무

병가는 사전에 정해진 기준에 따라 처리하면 되며, 근로자가 업무 외 질병 등으로 병가 사용 시 연차휴가를 먼저 사용하도록 하는 것은 노사 약정에 따른 것으로 법 위반으로 단정하기는 어렵습니다.

다만, 병가를 신청한 근로자의 동의 없이 다음 해 발생할 연차휴가를 병가 사용 시 의무적으로 먼저 사용하도록 하는 것은 연차휴가 발생 여부가 불확정적이고 근로자의 정신적 · 육체적 휴양기회 제공 등을 위한 연차휴가

제도의 취지에 반할 수 있으며, 향후 발생할 연차휴가의 시기지정권을 침해할 우려가 있는 점 등을 고려해 볼 때 근로기준법 위반의 소지가 있습니다.

한편, 병가제도를 따로 규정하거나 운영하지 않고 있는 회사나 사업장은 원칙적으로 근로자의 병가 신청을 받아줄 의무가 없으며, 근로자는 자신의 연차를 사용하여 치료를 받거나 회사와 협의하여 치료기간 동안 휴직을 할 수 있습니다.

사례의 사업장은 연차를 먼저 소진한 뒤 병가를 사용할 수 있도록 제도를 관리하고 있으므로, 해당 규정에 따라 병가를 받아주면 됩니다. 다만, 아직 발생하지 않은 내년 연차를 미리 사용하도록 하는 것은 법 위반이 될 수 있으니 주의해야 합니다.

아울러 회사가 병가제도를 적절하게 운영하기 위해서는 ① (발생된 연차를 먼저 사용하도록)취업규칙을 개정하고 ② 연차휴가와 병가의 신청절차, 서식을 구비하며 ③ 병가 승인기간 및 복직절차 등에 대하여 구체적이고 명확한 방침을 정해 두어야 합니다.

정글노동법

49화

연차휴가 사용촉진은 이렇게 하자

Q 직원들 대부분이 주어진 연차휴가를 사용하지 않고 수당으로 청구하는 회사의 인사 담당자입니다. 사장님이 강제로라도 휴가를 쓰게 하라고 해서 촉진제도를 검토하고 있는데, 어떤 점을 주의해서 도입해야 할까요?

우대리, 영업부 연차수당,
이거 내용이 왜 이래?
네. 사장님
왜요?
뭔 연차수당이
이렇게 많아?
글쎄요... 덜 쉬고 돈이나
더 받자... 뭐 이런 건가?
근데요 사장님, 실은 제가 들으니
수당을 안 줄 방법이 있다던데...
뭐, 뭔데?!!
그게... 연차휴가 사용촉진 제도라고...
그걸로 휴가를 쓰라고 할 수 있다고...
사용시기 통보요청
사용시기 지정통보
사용시기 일방통보
오호!
아니, 그런 게 있으면 뭘 하고
있어?! 당장 제도 도입해!!!
그게 실제로 운영하는 게
만만치 않다고도 하고...
수당 당신이 줄 거야?!
당장 내일부터 조치해!!

A 근로자가 전년도 출근일수에 따라 발생한 연차휴가를 1년간 사용하지 않았다면 회사는 사용하지 않은 연차일수에 대하여 수당을 지급해야 합니다만, 근로기준법이 이를 명시적으로 정해 놓고 있지는 않습니다.

근로기준법 제60조는 연차휴가를 유급으로 부여하라고 휴가에 대한 규정만 하고 있기 때문에, 법령 해석을 통하여 연차휴가 청구권이 소멸되고 수당청구권으로 전환되면 회사에 미사용 연차휴가수당 지급의무가 생기는 것으로 보고 있습니다.

21세기 들어 일-삶의 균형이 중시되기 전에는 휴가보다 업무를 중시하는 분위기였고, 연차휴가를 수당으로 보상받는 것을 선호하는 것이 일반적이었기 때문에 연차휴가를 적극 장려하는 노력이 사용촉진제도로 근로기준법 내에 편입되었습니다.

연차유급휴가 사용촉진제도는 회사가 휴가 사용 기간이 만료되기 전에 근로자에게 사용하지 않은 연차휴가를 사용하도록 알리는 제도로, 사용촉진제도를 시행하였음에도 불구하고 근로자가 연차를 사용하지 않은 경우 회사는 연차휴가 미사용수당을 보상할 의무가 면제됩니다.

사례의 회사처럼 제도 도입을 고려하는 경우, 다음과 같은 내용과 절차에 따라 시행을 준비하기 바랍니다.

• 제도운영 법적 절차

첫째, 1년의 휴가사용기간이 끝나기 6개월 전을 기준으로 10일 이내에 사용자가 근로자별로 사용하지 아니한 휴가 일수를 알려주고, 근로자가 그 사용시기를 정하여 사용자에게 통보하도록 서면으로 촉구하여야 합니다.

둘째, 위의 촉구에도 불구하고 근로자가 촉구를 받은 때부터 10일 이내에 사용하지 아니한 휴가의 전부 또는 일부의 사용시기를 정하여 사용자에게 통보하지 아니하면, 1년의 기간이 끝나기 2개월 전까지 사용자가 사용하지 아니한 휴가의 사용시기를 정하여 근로자에게 서면으로 통보하여야 합니다.

이를 회계연도(1. 1.~12. 31.) 기준으로 연차휴가제도를 운영하는 사업장을 가정하여 표로 정리해보면 다음과 같습니다.

• 촉진대상 연차휴가

휴가사용 촉진조치의 대상이 되는 연차휴가는 근로자가 1년 이상 근로함으로써 발생하는 휴가만을 대상으로 하였으나, 2020년 3월 31일부터는 입사 후 발생하는 모든 연차로 확대되었으며, 근로 기간 1년 미만에 발생한 연차는 1년이 되는 순간 소멸하도록 개정되었습니다.

1년 미만 근로자에게는 '연차사용촉진제도'의 규정이 적용되지 않아 근로자가 금전 보상을 선호할 경우 휴식권이 보장되지 않고, 휴가 보상으로 인해 사용자의 부담도 증가하는 문제가 지속적으로 제기되어 이를 해소한 조치입니다.

• 제도 도입 절차

휴가사용 촉진조치에 대하여 노사 간의 합의 없이 회사가 임의로 시행할 수 있는지에 대하여 고용노동부는 원칙적으로 가능하다는 입장이나, 법원은 연차휴가 사용촉진제도 시행에 노사 간 협의가 필요하다는 시각이어서 서로 상반된 입장을 취하고 있습니다.

따라서, 연차휴가사용촉진제도를 원활히 도입하기 위해서는 취업규칙을 변경하여 취업규칙 내에 사용촉진제도를 규정하는 것이 바람직하며, 노동조합이 있는 경우에는 노사 간 합의를 통하여 단체협약에 사용촉진제도 실시 여부를 명확하게 규정할 필요가 있습니다.

• 근로자가 연차휴가일에 출근한 경우

한편, 근로자가 사전에 연차휴가 신청서를 작성 · 제출하였으나 실제로는 해당 일자에 출근하여 근무한 경우에는 연차촉진이 제대로 이루어지지 않은 것으로 보아 연차수당을 지급해야 합니다.

연차휴가일에 출근하여 근무하는 직원에 대하여 회사가 명시적인 노무수령 거부의사를 표시해야만 정상적인 촉진이 이루어진 것으로 보기 때문에 ① 출근한 근로자에 대하여 구두 또는 문서의 방법으로 즉시 귀가할 것을 통지해야 하며, ② 지정된 휴가일에 해당 근로자의 책상 위에 '노무수령 거부 통지서'를 올려놓거나 컴퓨터를 켜면 '노무수령 거부통지' 화면이 나타나도록 하여 해당 근로자가 회사의 노무수령 거부의사를 알 수 있도록 해야 합니다.

아울러 노무수령 거부의사를 표시하였는지 여부가 문제될 때에는 그 입증책임이 사용자에게 있으므로, 회사는 거부의사를 서면이나 온라인으로 통지를 하고 해당 근로자에게 확인을 받아 두는 것이 바람직합니다.

정글노동법

50화

연차휴가수당을 미리 지급할 수 있는지

Q

5인 이상 사업장이 되어 연차휴가제도를 시행하게 되었는데요, 사장님이 휴가를 쓰는 대신 수당으로 보상하는 것을 원칙으로 한다고 합니다. 그런데 수당을 매월 급여에 포함시켜 지급하고 따로 정산은 하지 않을 계획이라고 하는데, 이것이 가능할까요?

사장님, 직원들이 계속 연차휴가를 물어봐서...뭉개기가 좀 뭐한데...
또 그거야?!
네 이제 직원 규모도 있고...
매장 확대를 안 할 수도 없고... 인원도 빠듯한데 참 나...
사장 하예노
아참, 휴가 대신 수당을 주면 되는 거 아냐?
천재적 발상 전환?
오...1년차 수당을 정산하면 금액이 좀 될 텐데... 괜찮을까요?
오...이거 이거...
13번째 월급?!
뭔 소리야! 매월 월급에 포함시켜 주자고. 그걸 왜 나중에 정산을 해?
"월급"
"수당"
네? 연차수당은 1년 마무리하고 휴가 안 쓴 걸로 주는 건데...
일단 해 봐. 말 나오면 그때 생각해보자구.

A 원칙적으로 연차휴가를 사용하지 않아서 발생하는 연차수당은 근로자의 연차휴가청구권이 소멸된 후인 이듬해에 수당에 대한 청구권이 발생하는데, 근무인원이 빠듯한 일부 기업이나 사업장에서 근로자와 연차수당을 포함하여 근로계약을 체결하는 경우가 보이고 있습니다.

연차수당이란 발생된 연차휴가를 사용하지 않았을 경우 사후적으로 정산하여 주는 임금으로, 이를 매월 지급하는 급여에 포함하여 포괄적으로 운영하는 것이 가능한지 알아보겠습니다.

• 법원의 판단

법원은 포괄임금 산정방식에 대하여 업무의 성질 등을 참작하여, 근로자의 승낙하에 매월 일정액을 제수당으로 지급하는 내용의 계약을 체결하고, 근로자에게 불이익이 없고 제반사정에 비추어 정당하다고 인정될 때에는 유효하다고 판시하고 있습니다.

그러나 최근에는 포괄임금제를 보다 엄격하게 적용해야 한다는 차원에서, 근로계약 체결 또는 연봉계약 체결 시 연차수당을 월급여에 포함하여 지급하는 것을 인정하지 않는 판결도 나오고 있습니다.

• 고용노동부의 입장

반면 고용노동부는 포괄 연봉계약 체결 시 예외적으로 연차수당을 월급여에 포함하더라도 발생된 연차휴가를 근로자가 원하는 시기에 자유롭게 사용할 수 있는 휴가권을 보장한다면 예외적으로 연차수당을 포함한 연봉근로계약 체결을 인정하고 있습니다.

다만, 이와 같이 매월 연차수당을 지급하는 상태에서 만약 근로자가 연차휴가를 신청할 경우 이를 사용자는 특별한 사유 없이는 거부할 수 없기 때문에, 사용자는 자칫 잘못 운용할 경우 수당지급과 동시에 휴가도 부여하는 이중의 부담을 질 수도 있습니다.

따라서 사례처럼 월급 또는 연봉에 연차수당을 포함하여 지급하는 것은 가능합니다. 다만, 근로자의 연차사용을 제한하지 않도록 세심한 주의를 기울이고, 사용한 연차에 해당하는 급여 처리에 대한 원칙도 미리 세워 두어야 합니다.

무엇보다 근로기준법상 연차휴가규정의 근본적인 취지가 '휴가를 통한 근로자의 육체적, 정신적 재충전'에 있으므로, 월급여에 수당을 포함 지급하여 향후 논란을 불러일으키기 보다는 가능한 본 취지에 맞추어 근로자가 발생된 연차휴가를 사용할 수 있도록 휴가제도를 관리하기 바랍니다.

정글노동법
51화

업무 외 부상 및 병가는 회사 내 규정에 따라야 한다

Q 주말에 가족과 함께 캠핑을 갔다가 실수로 다리가 부러지고 말았습니다. 업무상 재해가 아니라 산재 신청은 어려울 것 같은데, 치료기간 동안 병가 처리를 할 수 있을까요?

고차장, 어디
다쳤다며?
네. 주말에 캠핑카 지붕에서
떨어져서 예전에 다쳤던 다리를...
요즘 일도 없는데
푹 쉴래?
무슨 그런
섭한 말씀을...
그래서 말인데요 이왕 이렇게 된 거
병가로 장기치료를 좀 받을까 해서요.
병가...?
병가 연차로 저번에 썼잖아요?
이번엔 무급으로 하시죠.
아니 왜 무급이에요?
병가로 가겠습니다~~!
병가로 1년에 두 번이나 아픈 사람
다 쉬면 회사 문 닫으면 되겠네?
나도 맨날
약 먹어요~
그건
영양제
잖아요!
법대로 하시죠!
법대로!!

A 산재보험은 사용자가 근로자의 업무상 재해에 대해 고의 또는 과실이 있는지 여부에 대해 묻지 않고 재해보상을 하는 공적 보험입니다. 근로자가 업무상 사고로 부상 또는 장해가 발생하거나 사망하면 그 이유와 관계없이 산재보상보험이 적용되며, 근로기준법에 따른 보상이나 근로관계에 대한 보장도 적용이 됩니다.

다만, 산재보험은 업무상 재해에 한하여 보상을 보장하고 있기 때문에, 업무 외 일상생활이나 개인활동, 근로의무가 없는 주말에 발생한 부상이나 질병에 대해서는 보장을 하지 않습니다.

따라서 주말 캠핑과 같은 개인 활동은 특별한 사정이 없는 한 산재보험의 도움을 받을 수 없으며, 근로자는 노사협상, 취업규칙 또는 관행 등 회사에 정해진 절차가 있다면 이에 따른 처리를 하게 됩니다.

회사에 병가에 대한 명시적 규정이 있다면 규정에 따라 절차를 진행하면 되겠으나, 별다른 규정이 없다면 그동안의 관행에 따른 판단을 해야 합니다. 만약, 관행마저 존재하지 않을 경우에는 회사가 정하는 기준 또는 노사협의로 계속근로 여부 및 치료기간에 대한 근로조건을 정하게 됩니다.

통상 병가를 포함한 근로자의 임의휴직기간은 무급이 원칙이나 단체협약이나 취업규칙 등에 정해진 조건이 있다면 그에 따른 유급처리도 가능하며, 병가 기간 또한 조건에 따른 기간 범위에서 신청할 수 있습니다.

한편 일부 기업의 경우 연차유급휴가를 먼저 사용하여 이를 소진한 후에 병가를 신청할 수 있도록 정하고 있어, 신청의 선후 과정이나 적용 순서에 대한 다툼이 발생하기도 합니다.

근로기준법에 따르면 회사는 특정시기를 지정해 근로자에게 휴가를 사용하도록 할 수 없지만, 병가 사용에 대해서 단체협약이나 취업규칙 등에 규정되어 있는 경우 그에 따라 처리할 수 있습니다.

따라서 근로자가 업무 외 부상이나 질병 등으로 병가 사용 시 연차휴가를 먼저 사용한 후 병가를 사용할 수 있도록 한 것은 노사약정에 따른 것으로, 법 위반으로 볼 수는 없습니다.

사례의 사업장이 업무외 부상에 대하여 연차휴가, 병가순으로 휴가를 부여하였고, 추가로 병가를 연장하는 것에 대하여 별다른 규정이나 관행이 없다면 고차장은 무급으로 휴직 또는 병가를 사용해야 할 것입니다.

정글노동법

52화

휴직 시 임금 지급을 해야 하나요?

Q 직원이 개인적 사정으로 휴직을 신청하였습니다. 만약 휴직승인이 나면 휴직기간 동안 직원의 임금이나 휴가 등 근로조건을 어떻게 처리해야 하나요?

⋮

음... 결국 휴직으로 처리하셨군요.
법대로 한 거니 불만 없죠?
좋습니다. 휴직으로 가는데요...
저 직원이고 다쳐서 휴직한 거니 기본급은 주시는 거죠?
오~신박하다! 첨 듣는 참신한 발상인데?
짝짝짝
이런 창의력을 일 하는 데 쓰면 얼마나 좋아?
무노동 무임금 몰라욧?
No Work No Pay
직원 자격이 있는데 기본급도 인정 안 해?
법 좋아하시니 또 법대로 해보죠 뭐~.
법무팀 들어오라고 해요~
악! 듣기만 해도 피곤...

A 휴직이란 근로자가 근로제공이 불가능하거나 부적당한 경우에 근로계약관계를 유지하면서 일정 기간 근로제공을 면제하거나 금지하는 것을 말합니다.

휴직은 법이 정한 기준에 따라 근로자가 신청하면 의무적으로 승인해야 하는 '법정휴직', 단체협약이나 취업규칙의 정함에 근거하여 사용자의 일방적 의사표시로 행해지는 '명령휴직', 근로자와의 합의 · 신청에 의한 승인 등에 의하여 행해지는 '의원휴직(임의휴직)' 등이 있습니다. 법정휴직 외에 개인질병 또는 기타사유로 취업규칙 등에 휴직하도록 규정한 명령휴직이나 의원휴직 등은 당사자 간의 합의에 따른 것으로 '약정휴직'이라고도 합니다.

• 법정휴직

'법정휴직'이란 근로기준법 및 노동관계법에 따라 사용자가 부여할 의무가 있는 휴직을 말하며, 노동관계법상 법정휴직은 ① 업무상 부상 · 질병으로 인한 휴직, ② 육아휴직, ③ 가족돌봄휴직 등이 있습니다.

• 명령휴직

'명령휴직'은 ① 전염병 확산 예방을 위한 상병휴직, ② 형사상 이유로 인한 기소휴직, ③ 경영위기 극복을 위한 고용조정휴직 등 근로자가 상당한 기간에 걸쳐 근로의 제공을 할 수 없거나 근로제공을 함이 매우 부적당하다고 인정되는 경우에 휴직을 명할 수 있습니다.

• 의원휴직(임의휴직)

'의원휴직'은 ① 군복무, ② 개인적 부상 · 질병, ③ 가정 문제 등 근로자의 특정한 개인적 사정을 이유로 휴직을 요청하였을 때, 회사가 이를 승낙해주었을 경우의 휴직을 말합니다. 의원휴직은 법정휴직과 같이 승인의무가 없기 때문에 '사용자의 허가'가 필요하나, 단체협약이나 취업규칙에 미리 정해 놓은 규정이 있는 경우에는 이를 따라야 합니다.

원칙적으로 '의원휴직'은 '사용자의 귀책사유에 의한 휴업'에 해당하지 않으므로 임금지급 의무가 없으며, 휴직 기간 중 급여지급 등은 단체협약이나 취업규칙에서 정한 바에 따라 결정됩니다.

반면에 근로기준법 제23조 제1항에서 '사용자는 정당한 이유 없이 근로자에게 휴직을 하지 못한다.'고 하고 있으므로 사용자에 의한 휴직 명령은 '정당한 이유'가 있어야 하며, 이 경우에만 임금지급 의무가 면제됩니다.

한편, 휴직기간 동안 근로계약관계가 유지되므로 군복무기간 등 특수한 경우를 제외하면 근속기간에 포함되는 것이 원칙이나, 퇴직금 산정을 위한 평균임금 계산 범위에서는 제외됩니다. 아울러 휴직기간은 법이나 회사의 협약 · 규정이 정한 바에 따라 정해지는 것으로, 해당 범위 내에서 휴직을 신청하거나 명령해야 합니다.

결국 사례와 같이 개인적인 사유로 근로자가 휴직을 신청하는 것은 의원휴직(임의휴직)에 해당하므로, 임금지급이나 휴가부여 등 이전의 근로조건이 모두 정지되고 근로계약관계만 유지되는 것이 원칙입니다. 다만, 단체협약이나 취업규칙 또는 근로계약서에 정한 바가 있다면 이를 기준으로 휴직 후 근로조건을 정리하면 됩니다.

직원들이 소개하는 우리 사장님(백웅)

Jungle labor law character

정글노동법
Jungle labor law

PART 5

사직과 해고

정글노동법
53화

사직에도 종류가 있다던데요?

Q 여러모로 어려운 사정이 겹쳐 인원을 줄여야 하는 상황입니다. 근무성적이 좋지 않은 직원들부터 정리를 하려고 하는데, 어떻게 해야 다툼이나 법적인 문제가 없을까요?

네? 우리 회사가 정부
지원금을 못 받는다고요?
네, 백구씨…
던가?
벌떡!
나가신 분이 자진
사직이 아니라면서요.
내가 나오고
싶어서
나온 게
아니라구요!
뭐야?
좀 줘봐.
아니, 그 사람 사직서
쓰고 나간 거에요!
제 발로
나갔다구—!
그분 말로는 사업부가 정리
돼서 나간 거라던데요.
!!
제가 들은
말과
다르네요.
아 틀린 말은
아니지만…
엄밀히 해고는
아니죠, 진짜!
더러워서
나간다!
사장님, 꼭 해고를 해야만
지원금이 안 나오는 게 아니구요.
꿱! 꿱!
이건 억울한데? 해고도
아닌데 지원금을 왜 못 받아!

A '근로관계'는 근로자와 사용자 사이에 근로계약(서)을 통해 성립하는 법률관계를 의미하며, '근로관계의 종료'는 이와 같은 법률관계가 소멸하여 계약이 해지되는 것을 말합니다.

이러한 근로관계의 종료는 다음과 같이 다양한 형태로 나타나게 됩니다.

• 퇴직

근로자와 사용자가 합의하여 근로관계를 종료하는 것을 퇴직이라 하며, 사직(임의퇴직), 합의퇴직, 정년퇴직, 명예퇴직, 당연퇴직 등이 있습니다.

❶ 사직

사직이란, 근로자가 일방적으로 사표(사직원)를 제출하고 회사에 출근하지 않는 경우가 대표적인 예로, 근로자가 일방적으로 의사표시를 하여 근로관계를 종료시키는 것을 말합니다. 보통 사용자의 승인과 관계없이 사표를 제출받은 날부터 1개월이 경과하면 해당 근로계약은 해지의 효력이 생깁니다.

❷ 합의해지

합의해지란, 근로자가 사직원을 제출하고 사용자가 사직을 승낙함으로써 해당 근로관계가 끝나는 경우를 말합니다. 사용자의 권고를 받아들여 근로자가 사직원을 제출하는 권고사직과 근로자가 자의에 따라 사표를 내면 사용자가 이를 수리하여 퇴직하는 의원면직으로 구분할 수 있습니다.

❸ 명예퇴직

명예퇴직이란, 근로자가 명예퇴직의 신청(청약)을 하면 사용자가 요건을 심사한 후 이를 승인(승낙)함으로써 합의에 의하여 근로관계가 종료되는 것을 말합니다.

• 해고

해고는 형식이나 명칭, 절차에 관계없이 근로자의 의사와는 무관하게 사용자가 일방적으로 근로관계를 종료시키는 것을 말합니다. 통상적으로 해고의 유형은 해고의 이유가 근로자 측에 있는가 또는 사용자 측에 있는가에 따라 일반적인 해고와 경영상의 이유에 의한 해고(정리해고)로 구분하며, 일반적인 해고는 다시 근로자의 일신상 사유에 의한 해고를 통상해고, 근로자의 행태상 사유에 의한 해고를 징계해고로 구분합니다.

• 자동소멸

당사자의 의사와 관계없이 계약이 자동으로 소멸되는 경우가 있는데, 근로계약의 만료나 정년퇴직 등 계약만료에 따른 소멸과 근로자, 사용자의 사망, 회사의 소멸과 같이 계약주체가 사라져 계약이 종료되는 것이 이에 해당합니다.

사례의 경우는 회사의 경영여건이 어려워져 일부 근로자와의 근로계약을 종료하려는 것으로, 이러한 계약종료는 권고사직이나 경영상의 이유에 의한 해고(정리해고)에 해당합니다.

당사자 사이에 합의가 이루어졌다면 권고사직으로 근로관계가 마무리 되겠으나, 만약 경영상 이유에 의한 해고로 진행이 된다면 「근로기준법」이 정한 기준을 충족해야만 정당하게 근로자를 해고할 수 있습니다.

정글노동법

54화

이메일이나 SNS 메시지로도 해고 통지를 할 수 있나요?

Q 문제가 있는 직원이 있어 퇴사를 시키려고 합니다. 얼굴 마주보고 나가 달라고 하기 껄끄러워서 카카오톡 메신저로 그만 나와도 된다고 통보했는데, 절차상 구두가 아닌 문자로 통보한 것이니 문제없겠죠?

사장님 이번 건은 잘 마무리됐네요.
충성!
수고혀!
휴~~어떻게 이번 달 실적은 좀 맞추려나?
어? 카톡?
깨톡!
이게 뭐야? 내가 해고라고?
그간 수고 하셨습니다 -범경산업
우대리, 이거 뭐야?!!
아 그거요... 써있는대로…
님 해고...
이런 통지를 카톡으로 보내?
사장님이 내일이 월급날이라고 빨리 하라고 하셔서…
여친 이별 통보도 이렇겐 안해!
죄송 해요...
이거 법적으로 문제 삼을 거야!
꿱!! 꿱!!
맘대로 해! 디지털, 언택트 시대에 무슨!

A 회사를 경영하다 보면 매출감소, 시장침체 등 경영상의 이유나 직원 개인의 능력이나 태도에 문제가 있어 근로계약을 종료해야 하는 일이 생기는데, 직원이 계약종료를 승낙하지 않으면 사용자가 일방적인 근로관계 종료행위인 해고를 하게 됩니다.

근로계약은 사용자와 근로자가 계약자유의 원칙에 따라 일정한 요건이나 손해배상의 책임을 진다면 자유롭게 해지할 수 있는 것이 원칙입니다만, 사용자에 비해 경제적 · 사회적으로 불리한 위치에 있는 근로자는 언제 해고될지 모르는 불안정한 상태에서 사용자에게 근로를 제공해야 하는 문제가 생깁니다.

이러한 사회적 관계에 따른 문제를 해결하기 위해 「근로기준법」은 해고에 대해서 해고사유, 해고시기, 해고절차를 엄격하게 제한하고 있으며, 법률을 위반한 해고는 무효로 하고 있습니다.

해고 유형	내 용
통상해고	일신상 사유에 의한 해고(노동능력 감소, 상실 등)
징계해고	행태상 사유에 의한 해고(업무지시 위반, 근태 등 규정위반)
정리해고	경영상 사유에 의한 해고(심각한 매출감소, 도산 등 경영위기)

• 해고사유의 제한

노동관계 법령은 사용자의 무분별한 해고를 막기 위하여 특정한 사유에 의한 해고를 금지하고 있으며, 특히 「근로기준법」 제23조 제1항 및 제24조를 통하여 해고에는 '정당한 이유'와 절차가 있어야 한다고 제한하고 있습니다.

• 해고시기의 제한

사용자는 근로자가 업무상 부상 또는 질병의 요양을 위하여 휴업한 기간과 그 후 30일 동안은 해고하지 못하며, 출산 전 · 후의 여성이 관련 법령에 따라 휴업한 기간과 그 후 30일 동안에도 해고하지 못합니다. 다만, 사용자가 법률에 따라 일시보상을 하였을 경우 또는 사업을 계속할 수 없게 된 경우에는 해고가 가능합니다.

• 해고절차의 제한

사용자는 근로자를 해고(경영상 이유에 의한 해고를 포함)하려면 적어도 30일 전에 예고를 해야 하고, 30일 전에 예고를 하지 않았을 때에는 30일분 이상의 통상임금을 지급해야 합니다.

근로자에 대한 해고를 할 때는 구체적인 해고사유와 관계 규정, 그리고 해고시기를 서면으로 통지하여야 효력이 있습니다. 이때 서면 통지는 문서형태로 된 서면을 의미하며, 서면통지가 불가능한 특수한 경우가 아닌 한 구두(말), e-메일, 휴대폰 문자 메시지 등으로 해고사유와 해고시기를 통지한 해고는 효력이 없습니다.

사례와 같이 카카오톡이나 문자 등 SNS를 통해 해고를 통보하는 것은 문서를 통한 서면통지로 보기 어렵습니다. 현행법은 서면의 범위를 '종이 문서' 형태로 좁게 보고, 전자 문서나 기타 온라인을 통한 문자 전달은 적법한 서면 통지로 보지 않기 때문입니다.

따라서 사례의 사업장이 근로자에게 적법하게 해고를 통보하려면 서면으로 된 해고 통보서를 근로자에게 직접 교부하거나 우편으로 통지해야 합니다.

정글노동법 55화

취업규칙에서 정한 사유로 해고하더라도 문제가 될 수 있다

Q 영업실적이 저조해서 문제가 되고 있는 일부 직원을 해고하라는 지시가 내려와 검토 중인 인사 담당자입니다. 취업규칙에 '실적이 극히 부진하고 개선 가능성이 낮은 경우'를 해고사유로 하고 있는데, 이 규정에 따라 해당 직원들을 정리해도 괜찮을지 궁금합니다.

노과장 이거 반기 영업실적 자료, 이게 뭐지?
반쪽짜리를 갖고 왔네?
죄송합니다...
그쪽 부서는 노과장도 그렇고 아예 답이 없구만.
노답 인정?
아시다시피 동남아 거래 위축으로 거래가 거의 끊기다시피 해서요.
인사규정에 장기적으로 실적 부진 시 어떻게 된다고 나와 있지?
네? 인사규정요?
인사규정
ㅇ 장기실적 부진 시 면직...
면직대상이야, 면직. 정리할 거라구!
부서 실적 부진이 제 탓은 아니죠!
알게 뭐야~
경제가 이런데...
규정대로 하죠 그냥~

A 사용자가 일방적으로 근로계약을 종료하는 해고에 대해서는 정당한 해고사유가 있어야 하고, 해고를 할 수 없는 시기가 있으며, 적법한 해고절차를 준수해야 정당한 해고로 인정됩니다.

이 가운데 해고시기나 해고절차는 규정과 형식이 비교적 명확하게 정해져 있어 이를 지켰는지 여부 정도가 다툼의 대상이 됩니다. 반면에 해고사유의 정당성은 그 범위가 매우 넓고, 특히 징계해고는 위반을 판단하는 기초 사실관계가 명백하지 않은 경우가 많아 여러 가지 형태로 다툼이 발생합니다.

• 사유의 정당성 판단기준

1. 그 사유가 근로계약, 취업규칙, 단체협약 등에 정한 해고사유에 해당할 것
2. 사실관계를 살펴볼 때 사회통념상 근로계약을 존속시킬 수 없을 정도로 근로자에게 책임 있는 사유가 있을 것(근로자의 과실 정도, 피해의 경중, 평소의 소행, 징계사유 발생 이후의 정황 등을 종합적으로 판단)
3. 해고할 수 있는 징계사유를 규정한 취업규칙의 여러 규정의 내용이 서로 일부 다른 경우에는 근로자에게 보다 유리한 규정을 적용할 것

• 양정의 정당성 판단기준

1. 해고사유가 적법한 것이라 하더라도, 구체적인 전후 사정에 비추어 근로자에게 적용하는 처분이 지나치지 않을 것
2. 징계의 원인이 된 비위사실과 징계의 목적 등 구체적인 사안에서 나타난 제반 사정을 모두 참작하고 평소의 소행, 근무성적, 징계처분 전력 및 징계사유로 되지 않은 비위사실도 징계 양정에 있어서 참작할 것

❸ 같거나 유사한 징계 사유에 대하여 형평의 원칙에 반하는 처분을 하는 경우와 같이 징계처분이 사회통념상 현저하게 타당성을 잃지 않을 것

취업규칙에서 해고사유를 미리 정하고 이에 따라 근로자를 해고했다면 기본적으로 해고사유의 정당성을 충족한 것으로 볼 수 있으나, 단지 해고사유가 있다는 것만으로 정당성을 인정받는 것은 아닙니다.

취업규칙이나 인사규정에서 정하고 있는 징계 또는 해고사유는 사용자가 정한 기준이므로, '사회통념상 근로계약을 존속시킬 수 없을 정도로 근로자에게 책임 있는 사유'가 되어야 마침내 정당성을 인정받을 수 있습니다.

'실적이 극히 부진하고 개선 가능성이 낮은 경우'는 실적 부진의 원인이 '능력 부진' 때문인지 아니면 '불성실한 근로'에 기인한 것인지에 따라 정당성 여부가 달라질 수 있습니다.

또한 ① 실적이나 직무수행능력이 부족한지를 판단할 때 객관적인 자료에 근거하였는지, ② 인사고과를 합리적 기준에 따라 공정하게 평가하였는지, ③ 재교육이나 직무재배치 등 가능한 방법을 통해 직무능력 향상을 위한 개선의 기회를 부여하였는지 등을 고려하여 해고의 정당성을 판단해야 합니다.

사례의 사업장이 위와 같은 점을 고려하지 않고 단순히 실적이 부진하다는 이유 하나만으로 징계해고를 한다면, 해고사유의 정당성을 인정받기 쉽지 않을 것입니다.

따라서, 평가의 공정성 · 자료의 합리성 · 실적향상의 기회 부여 여부 등을 함께 고려하여 대상 근로자들의 해고 여부를 판단하기 바랍니다.

정글노동법
56 화

기간만료로 근로관계를 종료하는 계약직 사용에서 주의할 점

Q 감염병으로 인한 경기침체가 지속되어 계약직 판매직원들의 계약기간을 연장하지 않기로 했습니다. 계약기간 만료로 직원을 내보낼 때도 주의할 점이 있나요?

왈대리, 왔나?
네, 무슨 일로 부르셨어요?
왈대리 관리 매장, 넉 달째 적자에 매출이 매달 줄고 있지?
하도 경기가 그렇다보니...
사장 하예노
우리가 함께 얼마나 일했지?
6개월 계약 두 번 갱신했죠.
이대로 가면 담달 계약 연장이 더는 힘들겠는데...
What?!
네? 그게 무슨 말이세요?
자네 기간제 계약직이잖아.
나는 말 아니고 하이에나
아니 제가 그동안 얼마나 열심히 노력했는데요!
갑자기 이러기 있귀? 없귀?
장과장 그 녀석 이런 얘기는 쏙 빠져서…

A 근로관계 종료 사유 중 당사자의 의사와 관계없이 계약이 자동으로 소멸되는 경우가 있는데, 대표적인 것이 기간의 정함이 있는 근로계약에 따른 계약만료와 일정 연령이 되면 자동적으로 계약이 해지되는 정년퇴직입니다.

• 기간제 근로자의 계약기간

기간제 근로자의 계약기간은 '2년을 초과하지 아니하는 범위 안에서 기간제 근로자를 사용할 수 있고, 2년을 초과하면 기간의 정함이 없는 근로계약을 체결한 근로자로 본다.'고 규정하고 있습니다.

따라서 기간제 근로계약은 만 2년 범위에서 계약을 체결할 수 있으며, 계약기간이 2년을 초과한 근로자는 계약만료를 사유로 고용관계를 종료할 수 없습니다.

• 계약만료에 따른 서면통지 여부

근로기간의 만료는 정년의 도달이나 근로자의 사망과 같이 근로계약의 당연 종료사유가 되므로, 계약만료에 대한 별도의 통지 의무가 발생하지는 않습니다. 원만한 인사관리 차원에서 사전에 계약기간 종료일과 종료사유(기간 만료)를 통보하는 것은 무방하나, 기간의 정함이 없는 근로자처럼 서면통지를 하는 것이 법적 의무사항인 것은 아닙니다.

• 계약기간 만료 후에도 계속 근무하는 경우

기간제 근로자의 계약기간이 만료되었다면 자동으로 근로계약이 해지되는 것이므로, 근로자가 계약기간 만료일 후 별도의 의사표시 없이 출근하지 않더라도 법적으로 특별히 문제가 되지 않습니다.

이와 달리 사용자가 근로계약 기간 종료 후에도 계속 출근할 것을 요청하거나 근로자가 계속 출근하는 것에 대하여 특별히 언급하지 않고 근로제공을 받아들인다면, 이는 묵시적으로 종전의 근로조건과 동일한 조건으로 근로계약이 갱신된 것으로 간주됩니다.

• 계약기간 중 업무상 재해를 당한 경우

계약직 근로자가 업무상 재해로 요양기간 중 계약기간이 만료되는 경우 계약은 자동적으로 종료됩니다.

다만, 계약기간이 만료되었음에도 계약기간에 대한 관리를 하지 않아 나중에 계약기간이 종료된 사실을 알고 난 후 계약을 종료하고자 할 때에는 계약기간의 자동갱신, 자동연장, 묵시적 동의에 의한 갱신 또는 연장 등으로 계약종료가 아닌 해고의 문제가 될 수 있으니 유의해야 합니다.

이번 사례는 계약직 판매직원들에 대한 재계약을 하지 않고 근로관계를 종료하려는 상황으로, 기간제 근로계약기간이 2년을 초과하지 않았고 계약 갱신을 해야 할 특별한 사유가 없는 한 따로 관리가 필요하지는 않습니다.

다만, 원활한 인사노무 운영을 위하여 계약기간 만료에 따른 계약만료일, 금품청산, 보안서약 및 경업금지 등을 포함한 안내를 제공하는 것은 바람직할 것으로 생각됩니다.

정글노동법

57화

수습이나 시용기간 중인 근로자는 마음대로 해고할 수 있나요?

Q 상반기에 채용한 신입직원들의 2월 차 수습평가를 정리하고 있는 경영지원팀 담당자입니다. 평가가 좋지 않은 직원들은 본채용을 하지 않을 예정인데, 수습 중인 직원들은 비교적 손쉽게 정리할 수 있다고 하는데 사실인가요?

이대리님, 확인할 것이 있는데요.
오~ 수습~? 무슨 일?
제가 어제 술자리에서 이상한 말을 들었거든요.
수습들 채용하지 않을 수도 있다면서?
OJT 평가가... 조직 적응력이...
정말인가요? 정식 채용이 안될 수도 있다고요?
으악! 어떤 XX야?
아, 그게... 말이죠 어버버... 어버버...
사장님 말씀이 새나갔나?
분명히 말해줘요!
어버버...
그거시 말이여...
여러분은 수습 중이고, 수습이란 게 능력과 적성을 보는 제도고…

A 수습기간이라 함은 채용 후 업무 능력의 습득 또는 업무의 적격성 여부를 판단하는 시기로, 이 기간을 근무하는 근로자들을 수습 근로자라고 합니다. 통상적으로 수습기간은 입사 후 3개월 이내에서 근로계약서에 명기한 기간이 됩니다.

실제로 노동관계법령에는 수습기간에 대한 명시적 규정은 없지만, 장기간의 수습기간을 설정하는 것은 근로자의 고용불안 상태가 길어진다는 이유로 3개월을 적정한 기간으로 보고 있습니다.

수습기간 중 해고에 대해서는 해당 기간이 업무 능력과 근무태도 등을 파악하고 본채용을 결정하는 시기라는 제도의 취지상 해고사유를 폭넓게 인정하고 있는 것은 사실입니다만, 정당한 해고사유가 없는데도 마음대로 해고를 할 수 있는 것은 아닙니다.

따라서 수습기간 중인 근로자를 해고할 경우에도 정당한 사유는 있어야 하며, 여기에서 말하는 '비교적 폭넓은 해고사유'란 다음과 같은 사유와 절차가 준수될 경우를 말합니다.

① 회사에 객관적이고 정량화된 업무평가 기준이 있고 이를 사전에 고지해주며,
② 해당 평가를 정기적으로 실시하여 수습 근로자에게 결과를 통보하고,
③ 부족한 부분에 대한 피드백을 주었음에도 개선이 되지 않은 경우

한편, 입사 시 정한 수습기간을 회사가 일방적으로 연장하는 경우에 대해서는 - 평가결과 본채용이 거절될 가능성이 있는 근로자에게 사용자가 추가로 기회를 부여하는 것을 목적으로 하여 - 추가로 수습기간을 설정하는 형태이어야 하며, 계약상으로는 근로자가 동의하거나 근로자에게 그 내용이 통보되어야 효력이 있습니다.

아울러 근로기준법 개정에 따라 2019년 1월 15일 이후 근로계약을 체결한 근로자 중 3개월 미만 근무한 경우에는 해고예고를 적용하지 않게 되었습니다. 따라서 회사가 3개월의 수습기간을 거치던 근로자에게 수습기간 만료 전 즉시 해고 통보를 하는 경우에는 해고예고수당을 주지 않아도 됩니다.

사례의 경우 회사가 명확한 평가기준을 가지고 수습 근로자에 대한 평가를 진행한 결과 본채용을 거절하게 되었다면 즉시 해고 통보가 가능할 것이며, 만약 수습기간 3개월이 경과한 후 해고를 한다면 1월 전에 해고예고를 해야 합니다.

정글노동법

58화

출근 며칠 만에 무단 퇴직한 알바에게도 임금을 지급해야 하나요?

Q 회사의 회계 담당자로 세무자료 정리를 위해 임시로 고용했던 아르바이트 학생이 이틀만에 말도 없이 그만둬 세무신고 마감에 큰 곤욕을 치렀습니다. 업무에 피해를 끼치고 무단으로 일을 그만둔 사람에게도 임금을 지급해야 하나요?

얼마 전 거기서 일했던 방다라고 하는데요.
아~ 그 알바?
!
큼큼... 제가 이틀 일한 임금을 못 받아서요.
네에?
기억 하시네용 큼큼
방다씨, 결산업무 도와준다고 뽑았는데 이틀 만에 잠수 타셨죠?
용자네! 용감타...
그때 사장님 펄펄 뛰고 난리 났어요. 지금도 손해배상 청구하라고...
모...모... 몬 배상?
허 참, 손해 보셨으면 소송을 하시고요~
누구야?
그 이틀 일하고 튄 알바...
일한 대가는 주셔야죠~~
지금 어디야?! 아는 동생들 좀 보내야겠구만!

A 기업의 분쟁상담을 하다 보면 사례처럼 단기 계약직뿐만 아니라 정규직의 경우에도 갑자기 사직서를 제출하거나 심지어는 아무 말 없이 연락을 끊고 사업장에 나오지 않는 경우를 종종 접하게 됩니다.

사업주가 담당 업무에 대해 사전에 충분히 설명하고 근무환경에 큰 문제가 없는 등 별다른 이유가 없었음에도 갑자기 근로자가 마음을 바꿔 사직의사 표시도 하지 않은 채 연락을 끊고 출근을 하지 않는다는 것입니다.

이처럼 무단 퇴사를 하는 경우 근로자에게 임금을 주어야 하는지에 대해 혼란이 있을 수 있는데, 사업주는 업무 교육만 받고 실제 업무를 하지도 않은 퇴사자에게 급여를 지급할 수 없다는 생각을 갖게 되기도 합니다.

그러나 결론부터 말하자면, 사업주는 근로자가 갑자기 그만두더라도 따로 정한 약정이 없는 한 그간 근무한 날짜(시간)에 대한 임금은 정상적으로 지급해야 합니다. 또한 임금을 지급할 때 임의로 비용을 정산하여 나머지 금액만을 지급할 수 없습니다.

사업주가 감정적으로 임금지급을 미루거나 근로자의 퇴사로 손해가 발생하였다며 임금을 지불하지 않으려는 경우도 있지만, 이는 민사 소송을 제기하여 손해배상 여부와 금액을 다퉈야 할 사안입니다. 따라서 근로자에게 지급할 임금채권은 퇴사일로부터 14일 이내에 무조건 청산을 해야 합니다.

그리고 민사상 손해배상의 경우 사업주가 실제 발생한 손해가 있는지, 손해가 발생하였다면 어느 정도인지를 입증해야 하는데, 퇴직과 손해의 인과관계를 소명하기가 굉장히 어렵고 복잡하기 때문에 법원은 근로자에 대한 손해배상을 잘 인정하지 않는 편입니다.

따라서 문의하신 사례의 회계 담당자가 단기계약 근로자의 무단 퇴사로 인하여 곤란을 겪은 것은 미루어 짐작할 수 있으나, 그렇다 하더라도 해당 근로자가 출근하여 근무한 이틀 치 급여는 지급해야 합니다.

참고로 입사한 지 며칠 만에 갑자기 그만두는 직원들은 근로계약서를 작성하지 않았을 가능성이 높고, 임금지급을 다투다 자칫 근로계약서 미작성까지 문제가 되는 경우가 많습니다. 안정적 노사관계를 위하여 늦어도 근무 첫날까지는 근로계약서 작성을 제도화해 두기 바랍니다.

임금의 지급 원칙

① 통화 지급원칙: 임금은 통화로 지급해야 합니다.

② 직접 지급원칙: (미성년 포함)임금은 직접 근로자에게 지급해야 합니다.

③ 전액 지급원칙: 임금은 근로자에게 그 전액을 지급해야 합니다.

④ 정기 지급원칙: 임금은 매월 1회 이상 일정한 날짜에 지급해야 합니다.

정글노동법

59화

의무근로기간을 약정한 뒤 중도퇴사하면 위약금을 물기로 한 계약은 지켜야 할까요?

Q 회사에 비즈니스 스쿨(MBA) 등록을 위한 비용과 시간을 지원하되, 수료 후 3년간은 의무적으로 재직해야 하는 프로그램이 있습니다. 기한을 채우지 않고 퇴사하면 등록금과 위약금을 반환하는 약정서를 쓰라고 하는데, 그냥 퇴직하는 좋은 방법이 없을까요?

호주임, 내 건 갖고
사장님하고 얘기 좀 했어?
네,
노과장님
펄펄 뛰고 난리죠.
유학까지 보내줬더니
중간에 나간다고!
그래서 그만두면서 유학비 보조받은 거
내가 다 반환한다고 했잖아~.
와 나 완전 멋지지?
나 같은 직원 없다~~
어쨌든 이달 말까지는 출근
하겠다고 말씀드려줘~.
왓..?
사장님이 유학할 때 약속한
위약금 내기 전엔 퇴직할
수 없다고 하시던데요?
뭐래유~
뭐? 고리대금업자도 아니고
진짜 위약금을 받겠다고?
사장님이
겉으론
점잖아보여도...
사장님이 노과장님 얘기
들으면 더 펄펄 뛸 텐데...

A 반도체나 배터리, 온라인 개발 관련 우수한 인재를 확보하기 위해서 대학, 대학원에 재학 중인 학생들의 등록금을 지원하고, 졸업 후 해당 회사에 입사하는 프로그램을 운영하는 기업을 종종 보게 됩니다.

또한 핵심 인재를 관련 기관이나 교육기관에 위탁하여 연수를 받게 한 뒤, 회사의 연구 개발이나 마케팅 분야 인재로 중용하기도 합니다.

이렇게 비용과 시간을 지원하여 직원을 육성하였는데, 교육 과정만 마치고 퇴사를 하거나 다른 기업으로 가버리면 회사로서는 손해가 이만저만이 아니게 됩니다. 그래서 교육 비용을 지원할 때에는 일정 기간 의무기간을 근무하지 않으면 불이익이 있는 약정서를 작성하는 경우가 대부분입니다.

• 교육비용이나 장학금 전액(또는 일부) 반환 약정

근로기준법은 근로자의 보호를 위하여 사용자는 근로자와 근로계약의 불이행에 대한 위약금 또는 손해배상액을 예정하는 계약을 체결하지 못한다고 규정하고 있으므로, 해당 금액이 실질적으로 손해배상의 성격인지 파악해야 합니다.

이때 '위약금 또는 손해배상액'이란, 실제 발생한 비용이나 손해와 상관없이 약속을 이행하지 못한 것이 입증되기만 하면 지급해야 하는 당사자 사이에 미리 정한 금액을 말합니다.

만약 사례의 반환 금액이 약정 기간 내에 퇴사할 때에는 교육 비용을 전부 또는 일부 반환한다는 계약이라면, 위약금 또는 손해배상액 예정의 성격이라고 보기 어렵습니다. 이는 회사가 직원에게 교육비용을 빌려주었다가 약정한 근속기간을 근무하면 상환을 면제해주되, 그 전에 퇴사할 경우에는 상환을 면제하지 않는다는 취지로 약정한 경우로 보는 것이 타당하기 때문입니다.

• 교육비용이나 장학금을 초과하거나 사전에 금액을 정한 반환 약정

반면에 사례의 위약금이 실제 교육비용이나 손해와 관계없이 사전에 배상해야 할 금액을 정해 놓은 것이라면, 근로기준법의 강행규정을 위반하는 것으로 약정 자체가 무효가 됩니다.

다만, 회사는 직원의 불법행위로 인하여 실제 손해가 발생한 경우라면 해당 금액의 배상청구는 가능하다고 할 것이며, 신원보증인 제도를 사용하는 기업의 경우 보증인도 그 범위 내에서 불법행위에 대한 책임을 지게 됩니다.

정리하면, 사례의 위약금이 실제로 위약금이나 미리 정해 놓은 손해배상액이라면 이를 반환하지 않고도 퇴사가 가능할 것이나, 회사가 조건부로 교육비용을 빌려준 것으로 볼 수 있다면 해당 비용을 반환하고 퇴사하거나 약정한 재직기간을 채워야 합니다.

정글노동법
60화

불황을 이유로 직원을
내보낼 때 주의할 사항

Q 당사는 감염병으로 인한 불황을 극복하기 위해 무급 순환휴직을 하고 있었습니다. 최근 매출상황을 확인해보니 인력감축을 통한 구조조정이 필요하다는 결론에 다다랐는데, 어떻게 해야 문제없이 직원들을 내보낼 수 있을까요?

나부장 왔나?
네... 무슨 일로?
회사가 말야, 자네도 아다시피 위기야. 자금 융통도 안 되고, 급여 지급까지...
매출실적
네? 그런데요?
참 심란 하시겠어요.
경기가 회복될 때까지 해외 파트 인원을 한 두세 명만 줄이려고.
그래서 말야~
해외 파트요? 우리 부서요? 제가 잘린다고요?
우리 부서가 세 명 인데!!
경영악화, 실적부진! 이 이상 이유가 필요해?
꿱꿱!!
아니 그게 내 탓이에요? 저는 못 받아들여요!!

A 감염병으로 인한 불황이 지속되고 있는 가운데 많은 기업들이 유동성 위기에 봉착하였고, 정부는 가계와 기업이 견딜 수 있도록 시장에 현금을 적극적으로 풀어 일단 어려움이 지나갈 때까지 버티는 쪽으로 방향을 잡고 있습니다.

사례의 기업은 이러한 위기의 한복판에서 정리해고를 통하여 인력을 감축하고 경영을 정상화하려는 시도를 준비 중인 것으로 보이며, 불황에 대한 근본적인 대책이 마련되지 않는 한 이와 같은 대응은 시장에서 확대될 것 같습니다.

• 정리해고

정리해고(인력감축을 동반한 구조조정)는 근로자의 의사에 반하여 사용자가 일방적으로 근로관계를 종료시키는 것으로서 해고의 일종이며, 근로기준법 제24조는 이와 같은 형태의 해고를 '경영상 이유에 의한 해고'로 따로 분리하여 엄격한 제한을 두고 있습니다.

• 경영상 해고의 제한(근로기준법 제24조)

❶ 긴박한 경영상의 필요성

사용자가 경영상 이유에 의하여 근로자를 해고하려면 긴박한 경영상의 필요나 객관적 합리성이 있어야 하며, 경영 악화를 방지하기 위한 사업의 양도 · 인수 · 합병은 긴박한 경영상의 필요가 있는 것으로 봅니다.

❷ 해고회피노력

사용자는 해고를 피하기 위하여 가능한 범위에서 최선의 노력을 다하여야 합니다.

❸ 합리적이고 공정한 해고 기준

사용자는 합리적이고 공정한 해고의 기준을 정하고 이에 따라 그 대상자를 선정하여야 하며, 이 경우 남녀의 성을 이유로 차별하지 않아야 합니다.

❹ 성실한 노사협의

사용자는 해고를 피하기 위한 방법과 해고의 기준 등에 관하여 과반수인 노동조합이나 대표자에게 해고를 하려는 날의 50일 전까지 통보하고 성실하게 협의하여야 합니다.

❺ 해고절차의 준수

경영상 해고도 해고에 해당하는 만큼 해고의 시기제한, 해고의 예고, 해고사유의 서면통지 등 절차를 준수해야 하며, 해고 인원에 따라서는 최초로 해고하려는 날의 30일 전까지 고용노동부장관에게 신고하여야 합니다.

사례의 사업장은 이상의 제한사항을 참고하여 사유와 절차에 하자가 없는 인력감축을 진행해야 법적 문제를 야기하지 않고 경영을 정상화할 수 있을 것입니다.

참고로, 정리해고한 사용자는 근로자를 해고한 날부터 3년 이내에 해고된 근로자가 해고 당시 담당하였던 업무와 같은 업무를 할 근로자를 채용하려고 할 경우 이들 근로자가 원하면 그 근로자를 우선적으로 고용해야 합니다.

정글노동법

61화

위탁사업이 해지되면 담당 근로자들과 맺은 고용관계를 종료해도 되나요?

Q 의류매장을 운영하는 사업주입니다. 일부 브랜드의 위탁계약이 종료되어 백화점에서 매장을 철수하게 되었습니다. 근로계약을 할 때 '위탁사업 종료 시 근로계약을 종료한다'고 정해 두었는데, 그대로 직원들을 내보내도 될까요?

백악기 백화점 매장 철수
건은 잘 마무리됐나?
네~ 재고랑
시설물 처리
다 끝났습니다.
또 하나 남은 게 있지.
직원들 계약 건.
요즘
게임이..
사장
하예노
네? 직원
계약요?
하던 일이 없어지는데
계약은 종료지.
저를 자른다고요? 황당하네.
다른 매장으로 보내주셔야죠.
매장마다
직원들이
다 있는데
어디로?
계약서 봐. 매장 영업 철수시
고용관계 종료한다! 안 보여?
아니
이렇게
작은
글씨로..
매장 영업철수시 GG친다
그걸로 해고를 한다고요?
해고가 그렇게 맘대로 돼요?
그럼 이 계약서는 뭘까?
심심해서 쓴 걸까? 응?

A 이 사례는 일반적으로 외부 용역이나 위탁사업을 수행하기 위하여 근로자를 채용하면서 근로계약 기간을 용역계약 기간으로 규정하거나, 특별히 근로기간을 정하지 않더라도 위탁사업(용역계약)이 종료한 경우 근로계약도 자동으로 종료할 수 있는지에 대한 것입니다.

• 기간제 근로계약을 한 경우

우선 기간의 정함이 있는 근로계약을 체결한 경우에는 기간제근로계약의 예외에 해당하는지를 먼저 판단해야 합니다. 즉, 기간제법상 '사업의 완료 또는 특정한 업무의 완성에 필요한 기간을 정한 경우'에 해당한다면 업무위탁(용역계약) 기간을 근로계약으로 정하고, 계약이 종료하면 기간제근로계약이 종료하는 것으로 볼 수 있을 것입니다.

관련 행정해석은 '사업의 완료 또는 특정한 업무의 완성에 필요한 기간을 정한 경우'란 건설공사 등 유기사업, 특정 프로그램 개발 또는 프로젝트 완수를 위한 사업 등과 같이 원칙적으로 한시적이거나 1회성 사업의 특성을 갖는 경우로 한정된다고 보고 있으나, 지자체나 공공기관의 위·수탁계약을 포함한 공공사업의 경우 비교적 그 범위를 넓게 인정하고 있습니다.

다만, 업무위탁 계약이 중도 해지된 경우에는 그 사유만으로 근로계약이 자동종료 되었다고 보기 어렵습니다. 따라서 특정 용역계약의 이행을 위해 근로자를 채용할 경우에도 용역계약이 중도해지될 경우를 대비하여 규정을 세분화하거나 해당 근로자를 타업무에 종사하도록 조치를 취해야 합니다.

• 근로기간의 정함이 없는 경우

용역계약 또는 위탁계약이 해지되어 근로관계를 종료하는 것은 사용자의 사정에 따라 일방적으로 근로관계를 종료하는 것으로 근로계약의 자동소멸이 아닌 해고에 해당하며, 파견계약이 해지되어 근로관계를 종료하는 경우에도 해고 제한의 법리가 적용되어 정당한 사유가 있어야 합니다.

또한 업무위탁 계약의 해지는 '하나의 사업부서 또는 직제의 폐지'로 볼 수 있으므로, 소속 근로자들을 해고한 경우 해당 해고를 통상해고나 정리해고 중 하나로 정하여 처리해야 합니다. 정리해고는 상대적으로 정당성 요건을 충족하기가 까다롭기 때문에, 회사는 보통 통상해고로서 해당 근로계약관계를 다루게 됩니다.

근로계약서에 근로계약의 목적이 특정 업무위탁계약이라는 점을 명시하고 근로계약의 종료 사유로 '업무위탁계약이 중도해지된 경우를 명시한 경우'라고 하더라도, 근로자의 사정과 무관한 업무위탁계약의 해지나 종료는 근로관계의 자동종료 사유가 될 수 없고 해고로 보아야 합니다.

따라서 사례처럼 백화점에서 위탁판매 계약이 종료되어 철수를 할 수밖에 없는 상황인 경우에도 이를 사유로 근로자와 근로관계를 자동종료하거나 정당한 사유 없이 해고를 할 수 없으며, 이는 근로계약서에 근로관계의 자동소멸 사유를 정하여 놓았다 하더라도 다르지 않습니다.

정글노동법
62화

전 직원에게 사직서를 받은 뒤 일부만 재고용해도 될까요?

Q 경영난으로 인하여 조만간 회사가 경쟁사에 인수될 예정이라고 합니다. 인사팀에 내려온 지시사항이 전 직원들에게 사직서를 받은 뒤 선별하여 수리하라는 것인데 반발이 심할 것 같습니다. 어떻게 해야 할까요?

자, 제가 해마건설을 인수하는
새 회사 대표이사 백웅이올시다.
(침울...)
짝짝짝짝...(힘 없이)
저, 단도직입적으로 묻겠습니다.
저희 전원 다 고용승계되는 거죠?
저, 여기요!
맞어맞어
아실지 모르겠지만, 양 회사가 나름
대로 원칙을 세웠습니다.
전부 승계하는 부서가 있고,
아닌 부서가 있고.
그래서! 일단 전 직원 사직서를 제출
하시고, 다음 조치를 취하려고 합니다.
합리적이죠?
뭐라고요?
술렁술렁...
저희가 왜 사직서를 내야 합니까!
원칙 없는 지시에는 못 따릅니다!
합리는 개뿔!
옳소~~
허어~ 이 사람들이! 새
회사 생활 시작도 전에!
교각살우 하는구만!
우리 모두 보이콧합시다!
물러가라~ 물러가라~!

A 경기침체가 장기화되면 매출감소로 도산이나 폐업이 증가하고 있지만, 다른 한편으로는 규모를 키우려는 기업들도 있어 시장에서 인수합병이 활발하게 진행되기도 합니다. 따라서 인력감축을 하는 이유는 단순히 경영위기뿐만 아니라 합병으로 인하여 양사의 업무 중 중복되는 인원을 정리하는 과정에서 발생하기도 합니다.

인위적 인원 정리는 다양한 형태로 나타나지만, 경영위기에 직면하거나 합병으로 흡수되는 회사가 근로자들에게 사직서를 제출하게 하고 사용자가 이를 수리하는 자진사직 방식을 이용하는 것을 종종 볼 수 있습니다.

자진사직 또는 의원면직은 근로자의 신청에 따라 근로관계가 마무리되는 형태를 띄기 때문에, 사용자가 일방적으로 고용관계를 종료하는 해고에 비해 외형상 문제가 없고 다툼이 발생하더라도 회사에 유리하기 때문입니다.

자진사직을 할 때 사직서 제출이 유효한지 여부는 사직의 의사표시가 진정한 의사에 의한 것인지의 여부에 따라 그 효력이 달라지는데, 근로자가 개인사정으로 스스로 사직서를 제출하여 사용자가 이를 수리하면 적법하게 근로관계가 종료됩니다.

그러나 근로자가 진정한 의사 없이 사직서를 제출하였다면 – 법에서는 진의가 아닌 의사표시라고 합니다 – 사용자가 진정한 의사에 의한 것이 아닌 것을 알았거나 알 수 있었을 경우에는 무효가 됩니다.

따라서 회사가 전 직원을 대상으로 사직서 양식을 제공하여 제출하게 하거나 회사가 지정한 근로자들에게 일괄적으로 사직서를 받아서 전원 또는 선별하여 수리하는 등 사직 과정에서 주도적인 역할을 하였다면, 이는 근로자들이 진의가 아닌 사직서를 제출한 것으로 보게 될 여지가 큽니다.

반면, 위 사정과는 다르게 합병과정에서 근로자가 회사가 요구하는 대로 사직서를 제출해 사직절차를 종료한 뒤 선별 과정 없이 합병되는 회사에 신규 입사하는 절차를 밟는 것은 문제가 없다고 볼 수 있습니다.

고용승계 과정에서 사회통념 및 신의성실의 원칙에 반하지 않고, 사업주가 근로자에게 불이익을 줄 목적이 없으며, 근로자들의 자유의사에 따른 동의가 있었다면 계속근로관계의 단절이 가능할 것입니다.

보통 기업의 인수합병은 경영상 위기를 타개하기 위한 과정으로 보기 때문에, 회사가 합병에 따라 근로자에게 요구하는 자진사직 및 신규 입사 절차를 거부한다면 근로기준법 제24조 제1항에 따른 정리해고의 절차를 개시할 수 있습니다. 즉, 이는 정리해고의 절차를 개시할 수도 있습니다.

다만, 이 경우도 법이 정한 경영상 위기를 이유로 한 해고절차를 성실히 이행하지 아니한다면, 절차상 하자가 있는 것으로 보아 부당해고로 인정될 수 있으니 유의해야 합니다.

정리하면, 사례의 사업장이 고민하고 있는 '전 직원들에게 사직서를 받은 뒤 선별하여 수리하는' 방식은 근로자들의 반발과 함께 '진의가 아닌 의사표시'로 무효인 법률행위가 될 가능성이 높으므로 고용승계를 원점에서 재검토하기 바랍니다.

정글노동법

63화

시말서 제출명령에 불응할 경우, 이를 따로 징계사유로 삼을 수 있나요?

Q 최근 영업부에서 잦은 지각으로 사무실 분위기를 해치는 직원이 있어서, 부서장이 시말서를 요구했더니 작성을 거부했다는 보고를 받았습니다. 대상 직원을 인사위원회에 회부할 예정인데, 시말서 제출을 거부한 것도 징계사유로 삼을 수 있을까요?

황구 과장, 왔나?
시말서 갖고 왔어?
에헤이~
사장님. 이거
왜 이러세요?
늦잠 좀 잤습니다. 그런데
그걸로 시말서는 무슨 시말서요?
아니
이 자가…
근태불량에 지난 달 실적보고서도 제출
하지 않고서 뭐? 빨리 안 낼 거야?
빠직!
아 그게 다 이유가 있다고
제가 구구절절 말씀드렸잖아요!
왜
이래요
정말~!
왜요? 시말서 안 낸 걸로
무슨 징계라도 하려구요?
사장님
그런 분
아니신데~
개거품…
아니
고래거품…
아구…
뒷목…
당연하지. 회사가 학교야?
지시에 따를래, 징계를 받을래?
으쓱
꿱~~!
어허~ 저 정말 못 냅니다.
징계 때리려면 때리세요.

A 후선 부서인 경영지원팀이나 인사팀에서 인사노무관리를 하다 보면 근태나 직무규율 위반 등 회사의 인사규정을 위반하여 문제를 일으키는 근로자를 종종 접하게 됩니다.

그런데 사례처럼 회사가 시말서나 경위서 제출을 요구하였음에도 불구하고 직원이 이러한 문서 작성 요구 자체를 징계로 보고 시말서 작성을 거부하는 경우, 회사의 대응방법이 문제가 될 수 있습니다.

사건의 전후사정을 기술하는 문서를 경위서, 시말서, 사유서, 확인서 등 다양한 이름으로 부르면서 사용하는데, 회사마다 의미를 정확히 구분하여 사용하기도 하나 보통은 큰 차이 없이 혼용하는 경우가 많습니다.

• 경위서

어떤 일에 관하여 개인적인 의견이 아닌 객관적이고 중립적인 입장에서 그 일의 경과 과정을 기술한 문서를 말합니다.

• 시말서

실무적으로 일의 전말과 함께 본인의 과실이 있음을 내용에 포함하여 작성하는 문서로, 최근에는 '경위서'의 의미로 사용하는 추세입니다.

• 사유서

일이 발생하게 된 상황과 원인 등을 기술한 문서로, 주로 인사위원회 소명 자료로 작성합니다.

• 확인서

특정한 사실이나 법률관계에서 있고 없음이나 옳고 그름 따위를 판단하여 확실하게 인정하는 문서를 말합니다.

근로자가 회사의 규정을 위반한 것으로 의심이 될 때, 직무와의 관련성 등 징계처분을 할 것인지 여부를 결정하기 위하여 시말서나 경위서 등 관련자료의 제출을 요구하는 것은 사용자가 갖는 인사권의 합리적인 행사라고 할 것입니다.

그리고 시말서나 경위서는 말 그대로 어떠한 일이 벌어진 경위를 설명하는 문서이므로, 징계규정에 따로 정한 경우가 아니라면 경위서 작성을 요구하는 것 자체를 징계라고 할 수는 없을 것입니다.

따라서 사례의 황구 과장처럼 직원이 정당한 이유없이 이를 거부하는 것은 그 자체로 직원으로서 업무지시 거부 또는 충실의무를 위반한 것으로, 특별한 사정이 없는 한 징계사유에 해당한다고 볼 수 있습니다.

다만, 사용자의 자료제출 요구에 불응했다고 해서 모두 징계사유가 될 수 있는 것은 아니며, 자료제출 요구의 정당성 여부를 판단해야 합니다. 특히 근로자에게 회사가 사죄와 반성의 의미가 담긴 시말서를 제출하게 명령하는 것은 근로자의 '양심의 자유'를 침해하는 것으로, 법적으로 정당성이 없으니 주의해야 합니다.

정글노동법

64화

직원을 해고하려면 해고사유와 해고시기를 서면(書面)으로 통지해야 한다

Q 부서장의 시말서 작성 요청을 거부한 직원이 며칠째 무단 결근을 하고 있습니다. 위에서는 해고하라는 지시가 내려왔는데, 전화나 문자로 내일부터 나오지 말라고 하면 되나요?

사장님. 황구 과장이
닷새째 결근인데요.
간이 배 밖이
아니라 탈출했네
쓰라는 시말서는 안
쓰고, 회사를 안 나와?!
어쩌죠? 어제부턴
전화도 안받는데요.
아~~ 이런
암 생기겠네!
뭘 어째! 오늘부로 해고한다고 통보해!
전화 안 받으면 카톡이랑 문자로 남겨!
오잉?
네? 해고예고, 뭐
그런 것도 없이요?
유예기간은
무슨!!
1분1초가
아깝네!
본인이 안 나오잖아. 그럼 그만 두겠
다는 거 맞지? 그럼 정리해줘야지.
그래도 정식으로 그만
두겠다고 한 것도 아닌데…
우대리. 황과장 엄마야? 웬
말이 많아? 빨리 통보나 해!

A 인사노무 상담을 할 때 가장 자주 접하는 주제를 꼽자면 임금(퇴직금), 휴가, 징계해고 순으로, 돈이나 근로시간과 같은 근로조건을 제외하면 징계나 해고가 가장 큰 다툼의 소재가 되고 있습니다.

위 사례도 회사에서 무단 결근 중인 근로자를 해고할 때 지켜야 할 절차를 묻는 것으로, 근로기준법 제26조(해고의 예고)는 '근로자를 해고하려면 30일 전에 해고예고를 해야 하며, 30일 전에 예고를 하지 아니하였을 때에는 30일분의 통상임금(해고예고수당)을 지급하여야 한다.'고 정하고 있습니다.

또한 근로기준법 제27조(해고사유 등의 서면통지)에 따르면 '사용자는 근로자를 해고하려면 해고사유와 해고시기를 서면으로 통지하여야 한다.'고 하여 무분별한 해고 통지를 하지 못하도록 제한하고 있습니다.

• 해고예고와 예외

사용자가 근로자를 해고하려면 30일 전에 해고의 예고를 하거나 30일분 이상의 통상임금을 지급하여야 합니다. 이때 해고예고의 방법은 구두 또는 문서 모두 가능하나, 반드시 해고일을 명시하여야 하며 불특정기간이나 조건을 붙일 수 없습니다.

다만, ① 천재 · 사변, 그 밖의 부득이한 사유로 사업을 계속하는 것이 불가능한 경우이거나 ② 근로자가 고의로 사업에 막대한 지장을 초래하거나 재산상 손해를 끼친 경우 등과 ③ 근로자가 계속 근로한 기간이 3개월 미만인 경우에는 해고예고를 하지 않아도 무방합니다.

• 해고의 서면통지

근로기준법은 사용자가 해고 여부를 신중히 결정하도록 하고 고용관련 다툼이 발생할 경우 이를 해결하는데 도움을 주기 위하여 서면통지 의무를 부여하고 있습니다. 근로관계의 종료 사유 중 '해고'에 해당할 경우 서면통지 의무가 발생하며 의원사직, 정년퇴직, 계약기간 만료와 같은 경우에는 서면통지를 하지 않아도 됩니다.

❶ 해고사유와 해고시기의 명시

해고의 서면통지에는 해고사유와 해고시기를 명시해야 하며, 해고의 사유와 (사내에 관련규정이 있는 경우)근거 조항은 구체적으로 언급을 하여야 합니다. 해고하는 날도 구체적으로 명시하여야 해고의 효력을 인정받을 수 있습니다.

❷ 서면의 의미

일반적으로 서면이란 종이로 된 문서를 의미하기 때문에, 이메일이나 핸드폰 메신저 등을 통하여 한 통지는 서면통지로 인정되지 않습니다. 그리고 해고사유와 해고시기를 명시하여 서면으로 해고의 예고를 한 경우에는 따로 해고의 서면통지를 하지 않아도 됩니다.

사례의 경우처럼 무단결근이 지속되고 있다면, 회사는 이를 사유로 근로자를 해고할 수 있습니다. 다만, 사내에 징계규정이나 인사규정이 있다면 이를 준수해야 하며, 법이 정한 해고예고와 서면통지 절차를 지켜 혹시 모를 다툼을 미연에 방지하는 것이 필요합니다.

정글노동법
65화

사직서 제출 후 근로자가 철회를 요청하는 경우 받아주어야 하나요?

Q 회사 인수합병 과정에서 사직서를 제출한 직원이 갑자기 오늘 퇴직하지 않겠다며 계속 다닐 수 있게 사표를 반려해 달라고 합니다. 사직서는 이미 수리가 된 상태인데, 철회요청을 받아들여야 하나요?

어, 딩고 대리. 오셨나? 무슨 일이지?
네 사장님. 제가 할 말이 있어서…
희망퇴직하신 분이 어쩐 일로?
심드렁~
네. 그렇기는 한데, 사직서 내고 다시 고민해 보니 잘못 신청한 것 같아서요.
님이 먼저 사직서 내셨잖아요? 그럼 끝이지, 뭔 근본 없는 소리야?
빠직
허허
뭐지? 이 무근본 생떼는?
물건도 일정 기간 반품이 있는데 사직도 취소할 수 있는 거 아닙니까?
사랑은 돌아오는 거야! 모르세요?
그건 사랑이고!
아니 회사가 장난이요? 맘대로 무르고 말고?
어불성설이구만!!
사직서 낸지 이틀 됐어요! 그 정도도 못 봐줘요?!

A 사례와 같은 문의는 근로자가 사직서를 제출하여 회사를 그만두겠다는 뜻을 표시한 뒤 이를 철회하려고 할 때, 되돌리는 것이 가능한지 그리고 가능하다면 어떠한 경우가 있는지에 대한 것으로 보입니다.

근로자가 사직서를 제출하는 것은 보통 사용자에게 '해약을 고지'하거나 '근로계약 합의해지의 청약'을 하는 것으로 볼 수 있는데, 대법원은 근로자의 퇴직의 자유를 보장하는 차원에서 특별한 사정이 없는 한 사직서의 제출은 해약의 고지로 보고 있습니다.

• 해약의 고지로 볼 경우

근로계약의 해지를 통고하는 사직의 의사표시가 사용자에게 도달한 이상 근로자로서는 사용자의 동의 없이는 비록 민법 제660조 제3항 소정의 기간 – 통상 1월 또는 1임금 지급주기 – 이 경과하기 전이라 해도 사직의 의사표시를 철회할 수 없습니다.

• 합의해지를 청약하는 경우

근로계약관계는 목적이 종속적 노동을 대상으로 하는 계속적 상호관계이기 때문에, 근로자의 사직원 제출에 대한 사용자의 승낙의사가 형성되어 확정적으로 근로계약의 종료효과가 발생하기 전에는 그 사직의 의사를 자유로이 철회할 수 있다고 보는 것이 일반적입니다.

다만, 근로자의 사직철회로 인하여 사용자에게 예기치 못한 손해가 발생하거나 신의의 원칙에 반하는 특별한 사정이 있는 경우에 한하여 철회가 인정되지 않을 수 있습니다.

• 사용자가 사직원을 수리한 경우

사용자가 사직원을 수리하였고 승낙의사가 확정적으로 형성 · 표시되어 해지의사 합치 이후의 사직철회 의사표시는 효력이 없습니다. 사직원 수리 통보, 사회보험의 해지 등 공식적인 절차나 의사표시가 성립된 경우가 이에 해당합니다.

따라서 근로자의 사직서 제출에 대한 철회가능 여부를 판단하기 위해서는,

① 우선 근로자의 사직서 제출이 근로계약의 해약고지인지 합의해지의 청약에 해당하는지를 살펴보고,

② 해약고지에 해당하는 경우에는 사용자에게 도달하기 전이거나 도달한 이후라도 사용자가 동의한 경우 철회가 가능하며,

③ 합의해지의 청약에 해당하는 경우에는 사용자가 이를 수리하여 승낙의 의사표시를 하기 이전에 철회할 수 있습니다.

아울러 근로자가 정당하게 사직의사를 철회할 수 있는 상황임에도 불구하고, 사용자가 별다른 이유없이 이를 거부한 경우에는 부당해고에 해당할 가능성이 있습니다.

사례의 경우 딩고 대리가 한 사직의 의사표시는 ① 당해 근로계약을 종료하는 취지의 해약고지로 볼 것이고, ② 사직의 의사표시가 사용자에게 도달하였으므로, 근로계약의 해지를 통고하는 사직의 의사표시가 사용자에게 도달한 이상 근로자로서는 사용자의 동의 없이는 철회할 수 없습니다.

또한 해당 의사표시가 합의해지의 청약이라고 하더라도 ③ 사용자가 사직원을 수리하였고 승낙의사가 확정적으로 표시되었기 때문에 당사자 사이의 근로관계는 정해진 해지일에 종료되는 것으로 보아야 할 것입니다.

정글노동법

66화

부당해고 구제신청 어떻게 진행하나요?

Q 합병 과정에서 사직서를 제출했다가 천천히 판단하는 것이 좋을 것 같아 회사에 철회를 요청했으나, 그대로 퇴직처리가 되었습니다. 부당해고 구제신청을 했는데, 복직이 가능할지 궁금합니다.

이봐, 호주임. 이거 뭐야?
부당해고 구제신청?
아 네.
딩고 대리가…
지난번에 본인이 승복하고
끝난 거 아니었어?
그…
그러게요.
분명히 그랬었는데…
왜 또 이러는지…
감정 앙금이
남았나봅니다.
개망신을
시켜?
백사장
두고보자!
이러면 우리도 또 피곤한 거 알지?
딩 대리 만나서 해결봐. 왜 이러는지
단팥빵도
아니고
무슨 앙금!
네… 말이
되려나…
필요하면 노무사나
변호사도 만나보는데…
삐질…
그럼 호주임 연말 보너스에
영향이 있지 않을까 싶네.
빡하면
협박을…
후회막급할
일 하지
말고!
윽, 네네…

A 사용자가 근로자를 정당한 이유 없이 해고하면 근로자는 주된 사업장의 소재지 관할 지방노동위원회에 구제를 신청할 수 있으며, 부당해고구제를 신청할 수 있는 사건은 다음과 같습니다.

- 해고가 정당한 사유 없이 이루어진 경우
- 경영상 이유에 의한 해고 제한 요건을 갖추지 않은 경우
- 노동관계법령에서 정하고 있는 특정한 해고금지 사유를 위반하여 해고한 경우
- 해고할 만한 사유가 아님에도 징계 양정을 과도하게 하여 해고한 경우
- 법령 또는 단체협약 · 취업규칙에서 정한 해고절차를 위반하여 해고한 경우
- 해고할 수 없는 시기에 해고를 한 경우

한편 구제신청을 할 수 있는 기본적인 전제조건은 다음과 같습니다.

- 구제신청을 하는 근로자가 근로기준법의 보호를 받는 근로자에 해당하는지
- 해고에 정당한 이유가 있는지
- 사업장이 5인 이상인지

부당해고를 당한 근로자는 해고 발생일로부터 90일 이내에 관할 지방노동위원회에 구제신청을 제기해야 하며, 지방노동위원회는 접수일로부터 60일 이내에 심문회의를 열어 부당해고 여부를 판단합니다.

지방노동위원회 판정에 불복하는 당사자는 중앙노동위원회에서 재심판정을 구하거나, 행정법원에 소송을 제기하여 구제를 받을 수 있습니다. 행정법원에 소송을 제기한 이후에는 일반 소송과 같이 고등법원, 대법원까지 부당해고 여부를 다툴 수 있습니다.

본격적인 구제신청 절차에 들어가게 된다면, 위에 언급한 사항들을 포함하여 다음과 같은 요건을 고려해야 합니다.

신청요건	내 용
신청인 적격	부당(징계)해고를 당한 근로자
피신청인 적격	위 근로자의 사용자
대상적격	(징계)해고
신청의 이익	복직 가능성
청구기간	해고당한 날로부터 3개월

이 가운데 유의해야 할 요건은 신청의 이익으로, 구제신청이 인정되었음에도 근로자가 복직을 원하지 않는 경우에는 효과적인 구제수단이 되지 않습니다. 따라서 이러한 경우에는 노동위원회는 구제명령으로 원직복직을 명하는 대신 근로자가 해고기간 동안 지급받을 수 있었던 임금 상당액 이상의 금품을 지급하도록 하는 금전보상명령을 할 수 있습니다.

한편, 상당수의 구제신청은 노동위원회에서 판정을 받기 전에 근로자와 사업주의 화해로 마무리되며, 노동위원회에서 합의한 화해는 재판상 화해와 동일한 효과가 있습니다. 구제신청 과정에서 쌓인 감정적 대립을 완화시킬 수 있다면, 화해는 사용자와 근로자 모두에게 좋은 해결책이 될 수 있습니다.

사례의 딩고 대리도 서로 만족할 수 있는 현실적 대안을 모색하는 방향으로 회사와 대화를 하는 것이 좋겠습니다.

정글노동법
67화

도대체 정년퇴직일은 언제인가요?

Q 매장 영업담당 직원이 올해로 만 60세가 되어 정년퇴직을 시킨 후 촉탁직원으로 재고용을 할 예정입니다. 사내에 정년퇴직자가 처음이라 퇴직일을 60세가 되는 날로 해야 하는지, 연말로 해야 하는지 궁금합니다.

사장님, 올해가 제
정년퇴직이네요.
입사는 늦었지만
대단하십니다.
그럼 퇴직일이 언제죠?
매니저님 생일이...?
네? 생일은 왜요?
퇴직은 올해 연말이잖아요?
우리가 만 60세가 정년이죠?
그럼 생일날이 퇴직일이죠
놉!
아니죠~
아니 사장님. 섭하시네. 왜
생일날을 제삿날로 만드세요?
와장창
헉!
성질
나온다!
원칙대로 하시죠,
미역국은 드시면서
퇴직은 모르겠다?
우리나라가 만 나이 따지는
나라인가요? 인정 못해요!

A '고용상 연령차별 금지 및 고령자 고용촉진에 관한 법률(고령자고용법)'이 정하고 있는 근로자별 정년의 기준은 만 60세 이상으로, 만약 사용자가 임의로 근로자의 정년을 60세 미만으로 정한 경우에도 정년을 60세로 강제한다는 의미를 가지고 있습니다.

노동법이 정하고 있는 규범들은 대부분 강행법의 성격을 가지고 있으므로 사용자가 취업규칙을 통하여 일방적으로 정하거나 단체협약이나 노사협의를 통해 합의한 사항이 있더라도 법규범에 못 미친다면 무효가 되며, 근로자의 정년에 대한 기준 역시 이러한 강행법의 하나입니다.

따라서 일반 기업이나 공공기관 등 사용자는 만 60세 이상의 범위에서 정년에 도달한 근로자와 근로관계를 종료하게 되는데, 사내에 정년을 정한 규정이 있는지 여부에 따라 다음과 같이 구분하여 생각해 볼 수 있습니다.

• 정년을 정하지 않은 경우

정년에 대해서는 취업규칙 등으로 별도로 정하는 것이 바람직하나, 별도로 정한 바가 없을 경우 판례나 행정해석은 정년퇴직 시점을 해당 연령에 도달하는 날로 보고 있습니다.

즉, 법원이나 행정관청이 해석하는 정년 60세의 의미는 해당 근로자의 60세가 시작되는 날이며, 만 59세가 끝나는 날까지 근무한 뒤 60세에 도달하는 날에 퇴직하는 것이 됩니다.

• 정년을 정한 경우

회사에 취업규칙이나 단체협약 등을 통하여 정년 도달 시 퇴직일 규정이 있는 경우에는, 해당 규정이 고령자 고용법의 정년 60세 규범 이상인 한 그 기준을 따르는 것이 원칙입니다.

실무상으로는 '정년에 도달한 날이 속한 달의 말일'이나 '정년이 종료되는 날' 등이 있으며, '정년에 도달한 해의 말일'을 퇴직일로 하여 회계연도를 기준으로 퇴직일을 관리하는 사업장도 있습니다.

그리고 정년에 도달하는 연령은 입사서류에 표기된 생년월일을 기준으로 판단하며, 특별한 사유가 없다면 재직 기간 동안 이를 정정할 수 없는 것이 원칙입니다.

사례의 매장 직원처럼 정년까지 근속한 뒤 퇴직하는 경우 사내에 만 60세를 보장하는 정년퇴직일 규정이 있다면 그 규정에 따른 퇴직일을, 정년에 대한 별다른 규정이 없다면 만 60세에 도달하는 날을 퇴직일로 하여 정년 관리를 하면 됩니다.

아울러 정년퇴직 규정을 작성할 때 '만 60세에 도달하면 퇴직하기로 한다.'와 같이 모호한 정의를 사용하기 보다는, '정년에 도달한 날이 속한 달의 말일'이나 '정년이 종료되는 날' 등 명확한 기준을 적용하여 혹시 있을 다툼을 미연에 예방하기 바랍니다.

정글노동법

68화

정년 이후 계속 근무하는 계약직도 갱신기대권이 인정되나요?

Q

정년퇴직한 직원들의 판매 노하우를 활용하기 위하여 촉탁직이나 기간제 계약직으로 재고용하여 매장관리를 맡기고 있습니다. 만 55세를 넘은 직원들은 기간제로 계속 고용을 하더라도 정규직 전환을 시키지 않을 수 있다고 들었는데, 그렇다면 재고용한 촉탁직들과 2년 이상 계속 고용을 유지할 수 있나요?

심판지 씨, 제가 제안을 하나 하려구요.
네? 무슨...?
퇴직하시고도 그냥 우리 회사에서 촉탁으로 일하시면 어때요?
지난번엔 서로 좀 흥분했네요~
사장 하예노
아 그럼 계약직으로 일하는 건가요?
그쵸 그쵸
2년 넘게 일하면 정규직 되는 거구요?
네? 음...
고령자는 정규직 전환... 이런 거 없는 걸로 압니다.
선수끼리 왜 이래?
아니 나이 많은 것도 억울한데, 무슨 소리세요?
2차전!?
또 한번 빨간 맛 보여드려요?
회사에 영구히 말뚝 박으시려구요?

A 고용노동부의 2020년 하반기 경제활동인구조사에 따르면 전체 임금근로자 중 비정규직이 차지하는 비중은 36.3%로 1/3을 초과하는 근로자가 비정규직으로 근무하고 있습니다.

정부와 국회는 고용기간이나 근로조건이 상대적으로 열악한 비정규직을 보호하기 위하여 2007년 '기간제 및 단시간 근로자 보호 등에 관한 법률(기간제법)'을 제정 시행하고 있습니다.

• 정년퇴직자의 재고용

기간제법 제4조(기간제 근로자의 사용)에서 '기간제 근로계약을 할 수 있는 범위를 2년으로 제한하는 한편, '다만, 다음 각 호의 어느 하나에 해당하는 경우에는 2년을 초과하여 기간제 근로자로 사용할 수 있다.'고 규정하여 예외를 인정하고 있습니다.

그러한 예외 중 하나가 사례에서 문의하고 있는 '고령자고용촉진법' 제2조 제1호의 고령자와 근로계약을 체결하는 경우 2년을 초과하여 기간제 근로자로 사용할 수 있다.'는 항목이며, 여기서 고령자고용촉진법의 고령자란 만 55세 이상인 자를 의미합니다.

따라서 사례의 심판지씨와 같이 만 60세로 정년퇴직한 근로자는 퇴직 시 연령이 55세를 초과하므로 기간제 사용기간 예외사유에 해당하며, 하예노 사장 말처럼 2년을 초과하는 근로계약기간을 설정하거나 연속으로 갱신된 계약기간의 총합이 2년을 초과하더라도 무기계약직 근로자로 전환되지 않습니다.

또한 퇴직근로자를 촉탁직으로 채용해야만 기간제 예외사유가 적용되는 것은 아니며, 만 55세 이상의 고령자를 신규 채용하는 경우에도 기간제 사용기간 예외사유에 해당하여 2년을 초과하는 근로계약기간을 설정해 고용할 수 있습니다.

• 고령자 재고용 시 주의사항

고령자와 최초 근로계약을 체결하거나 갱신하는 시점에서는 고령자에 해당하지 아니하였으나 근로계약기간 중에 비로소 만 55세가 된 근로자의 경우, 계속 근로한 기간이 2년을 초과하는 시점에서는 고령자에 해당된다 하더라도 사용기간 제한의 예외라고 볼 수 없습니다. 따라서 해당 근로자는 무기계약 근로자로 간주됩니다.

• 고령자에 대한 갱신기대권 또는 전환기대권 적용

한편 대법원은 기간제 근로자에 대한 고용보장을 위하여 ① 기간 만료에도 불구하고 일정한 요건이 충족되면 당해 근로계약이 갱신 또는 정규직(무기계약직)으로 전환된다는 취지의 규정을 두고 있거나 ② 그러한 규정이 없더라도 근로계약 당사자 사이에 일정한 요건이 충족되면 근로계약이 갱신되거나 정규직(무기계약직)으로 전환된다는 신뢰관계가 형성되어 있는 경우에 갱신기대권이나 전환기대권이 성립한다고 판단하고 있습니다.

이러한 갱신기대권 또는 전환기대권 적용에 대하여 고령자라고 달리 볼 것은 아닙니다. 따라서 만 55세를 경과하거나 정년퇴직 후 촉탁직으로 계속 근로하는 근로자에게도 같은 권리가 발생할 수 있으니, 사례의 경우처럼 고령자를 채용할 예정인 회사에서는 계약관리에 주의하기 바랍니다.

직원들이 소개하는 우리 사장님(사수자)

정글노동법
Jungle labor law

PART 6 기타 근로관계

정글노동법

69화

담당 업무에 따라 상여금을 차등 지급할 수 있나요?

Q 성과급 지급을 앞둔 인사 담당자입니다. 경영진으로부터 담당 업무에 따라 상여금을 차등 지급하는 방안을 마련하라는 지시가 내려왔습니다. 기본 연봉에 추가하여 지급하는 임금이니 회사가 임의로 지급기준을 정할 수 있을까요?

우대리, 올해부터는 연말상여금
지급방법을 바꾸고 싶은데…
어떻게요?
큼큼. 아무래도 회사는 실적,
보상도 실적 아니겠나?
이 양반이
또 무슨...
싸늘하다...
실적 나오는 영업부서는 100% 올리고
관리부서는 동결하는 걸로 하려고.
노력하는
사람에게
보상을!
공평하다!
공평해!
지금까지는 이런 적이 없는데,
이걸 바꾸면 가만 있을까요?
나도
관리
부서라고...
이 인간아!
어허, 이러쿵저러쿵 말들이야… 그런
말 다 신경쓰면 어떻게 사업하나!
원래 경영자는
고독한 법이야.
나 좀 멋있나?
칫...
아니 그래도 이렇게
돈 문제로 차별을 하시면...
억울하면
성과를
내지?!
뭐? 왜?
불만 있어?!

A 호봉제에서 연봉제로 임금체계가 변화함에 따라 상여금 제도를 운영하는 회사가 줄어들고 있지만, 여전히 상당수 기업들은 정기적 또는 부정기적으로 상여금을 책정하여 지급하고 있습니다.

연봉제 하의 상여금은 연봉에 포함되어 특정 시기에 지급되는 고정급여가 되기도 하지만, 기본급을 낮추기 위한 방편으로 도입되어 월 급여의 분할만을 목적으로 하는 경우도 있습니다.

한편, 개인이나 팀 또는 조직의 성과를 기초로 하여 지급 여부나 지급 수준이 결정되는 성과급이나 인센티브 형태의 성과 상여금도 있습니다.

따라서 사례의 상여금을 단순히 차등 지급할 수 있는지 여부를 검토할 것이 아니라, 해당 상여금이 어떤 종류의 임금형태로 도입되어 어떻게 운영되고 있는지에 따라 차등 지급을 할 수 있는지를 결정해야 합니다.

• 일반 상여금

상여금은 근로기준법에 명문화된 규정이 없고, 회사가 은혜적 차원에서 이윤을 배분하거나 실적을 기반으로 하여 성과급을 지급하는 데에서 비롯된 것으로, 일반적으로 취업규칙, 단체협약에 정한대로 따르게 됩니다.

• 특별 상여금

단체협상이나 노사합의 등의 방법을 통해 경영목표를 달성하는 경우 지급하기로 하는 상여금을 특별 상여금이라 하며, 지급조건의 충족 여부가 경영실적 평가에 결정되고 평가 결과에 따라 지급액이 다르거나 지급하지 않을 수도 있기에 임금으로 보지 않는 경우가 많습니다.

앞에서 말한 것처럼 상여금 지급과 관련하여 노동관계법에 별도로 규정하고 있지 않으므로, 노사 간 다툼을 피하기 위해서는 임금규정이나 단체협약 등으로 상여금의 지급조건 및 산정기간, 퇴직근로자의 안분방법 등을 구체적으로 명시하는 것이 필요합니다.

• 상여금 차등지급

일반적으로 상여금은 회사의 경영실적, 근로자의 근무실적이나 태도, 근속기간이나 출근율 등 단체협약이나 취업규칙 등에서 정한 기준에 따라 지급하게 되므로, 해당 기준에 따라 차등 지급된다면 적법한 임금지급이라고 할 수 있습니다.

사전에 정해진 규정이나 협약 또는 장기간에 걸쳐 형성된 관행이 있다면 ① 상여금의 지급조건을 근속연수에 따라 지급률을 달리할 수 있으며, ② 대기발령 기간이나 휴직기간 동안의 상여금은 지급하지 않을 수도 있습니다. 또한 ③ 직급이나 직위 또는 근로형태 등에 따라 상여금 지급률을 달리 정하였다 하더라도 균등처우 위반이나 차별로 볼 수 없으며, ④ 상여금 지급대상 기간에 따라 정하여 놓고 그 기간을 계속 근무한 자에게만 소정의 상여금을 지급하는 것도 가능합니다.

따라서 사례의 경우 제도 시행 전에 적법하게 취업규칙을 변경하거나 단체협약을 체결하여 상여금 지급조건을 조정한다면, 담당 업무에 따라 - 예를 들어 사무직은 상여금 200%를, 생산직은 상여금 400%를 지급하는 방식으로 - 상여금을 차등 지급할 수 있을 것입니다.

정글노동법

70 화

교대제 근무제를 운영할 때 주의해야 할 사항은 무엇이 있나요?

Q 현재 주간근무만을 계속 시행하고 있으나, 내년부터는 주야간 연속근무(교대근무)제를 시행하려 준비하고 있는 경영지원팀 부서장입니다. 예정대로 교대제 근무를 시행하게 되면 어떤 점을 주의해야 할까요?

사장님. 기
공장장입니다.
왔어요?
지시대로 공장을 다음 달부터 3교대
에서 2교대로 바꾸려고 했는데요.
직원들이 반발이 심해요. 워라밸
시대에 이게 무슨 짓이냐고.
회사 좋고
직원 좋고
돈 주잖아?
게다가 그렇게 운영이 되면 52시간을
넘더라구요. 노동법 위반 아시죠?
그래요? 그럼 경영
지원팀이 땜빵하면 되지?
잉??
네??
갑자기?
네? 공장 지원을 가면
본사 일은 누가 해요?
암~
지원팀은 지원해
주는 게 일 아닌감?

A 최근의 조사결과에 따르면 구직을 할 때 일과 삶의 균형을 맞추는 통칭 '워라밸(Work Life Balance)'이 임금보다 더 중요한 지표로 나타나고 있어, 근로시간 단축이라는 과제가 단순히 근로기준법상 법정 연장근로시간 한도를 지킨다는 것 이상의 의미를 담게 되었습니다.

생산량 증가라는 본질적인 필요성 외에도 장시간 근로를 개선할 수 있는 주요한 근무형태 중 하나가 교대근로제로, 사례의 사업장도 교대제 도입을 염두에 두고 근로시간 산정 방법을 고민하고 있는 것으로 보입니다.

• 교대제의 정의

'교대근로제' – 속칭 '교대제'란 장시간의 연속작업을 하기 위하여 근로자를 2교대 조 이상으로 편성하여 근로자를 일정한 기간마다 교대로 작업하게 하는 근무형태를 말합니다. 교대제는 주로 ① 전기, 가스, 운수, 수도 등 중단되어서는 안 될 공공 서비스사업, ② 철강, 석유화학 등 전체 제조과정이 연속공정으로 이루어진 사업, ③ 개별적으로 경영효율성을 위하여 생산설비 완전가동이 필요한 사업 등에서 도입 · 운영되고 있습니다.

• 교대제의 유형

교대제의 유형에는 교대 조의 수와 교대 순번에 따라 주간 2교대제, 2조 격일제, 2조 1일 2교대제, 3조 1일 2교대제, 3조 1일 3교대제, 4조 1일 3교대제 등이 있으며, 근래에는 5조 이상의 교대 조를 편성하여 운영하는 경우도 있습니다. 한편, 교대제 근무제도는 1일 24시간을 조업하는지 여부에 따라 전일형 · 비전일형으로 구분되며, 조업을 중단하는 날이 있는지 유무에 따라 연속형 · 비연속형으로 나눕니다.

• 교대제 운영 시 유의사항

❶ 교대제 도입이나 변경은 중요한 근로조건의 변경에 해당하므로, 적법한 취업규칙 제 · 개정 절차에 따라 제도화해야 합니다.

❷ 주간근무제에 비해 휴무일 간격이 달라지므로 주휴일을 미리 예측 가능하도록 지정해야 합니다.

❸ 제도를 설계할 때 주 단위 · 월 단위 근무시간도 미리 산정하여 법정근로시간 한도를 준수해야 하며, 휴게시간도 적법하게 확보해야 합니다(4시간 근무 시 휴게시간 30분을 근무시간 도중에 부여).

❹ 휴가를 부여할 때 교대 근무를 하지 않는 근로자와 동일하게 부여해야 하며, 연차휴가를 자유롭게 사용할 수 있도록 교대 조를 편성해야 합니다.

❹ 주간근무제 근로자들과 마찬가지로 야간근로를 하면 가산임금을 지급하고, 여자 및 연소근로자는 본인 동의와 고용노동부장관 인가를 받는 등 근로기준법의 근로시간 규정을 지켜야 합니다.

아울러 교대제 근로계약서를 작성할 때 구체적인 연장, 야간, 휴일 근로시간에 대한 구분이나 산정 없이 이른바 '포괄임금제'로 급여를 책정하게 되면 향후 법 위반으로 인한 다툼의 원인이 될 수 있으므로, 제도 설계나 근로계약서 작성 시 면밀한 검토를 해야 합니다.

사례의 경우 기 공장장 말처럼 2교대를 적용하면 근로시간 한도 위반이 될 가능성이 매우 높으므로 적법한 교대제가 운영될 수 있도록 제도를 재검토 해야 합니다.

정글노동법

71화

포괄산정임금과 관련해서 유의해야 할 사항들

Q 회사에 연봉제를 도입하면서 고정 연장근로수당을 월 급여에 포함하여 지급하고 있습니다. 이렇게 근로한 시간만큼 급여를 지급하고 있으니, 문제가 없는지 궁금합니다.

이대리님. 이 계약서 질문 있어요.
네, 뭐죠?
여기 보면 고정연장근로를 포함해서 계약서를 썼잖아요? 올 포함으로~
그랬쥬~
꾸준하고 고정적으로 시간외근로를 하니까 간단하게 처리하는 거죠.
한큐에!
그런데 이렇게 계약하면 급여가 적어지잖아요.
네?
뜨끔
이거 수당으로 받으면 더 받을텐데 좀 억울한데…
맞아요!
끙…
아니 그게 회사 방침이자 회사 근무 환경이…
노동부가 뭐라고 하냐면…
법에는 맞나요? 억울한데…

A 문의하신 것처럼 월 급여에 고정된 시간외근로 수당을 포함하여 지급하는 경우를 종종 볼 수 있으며, 때로는 '월 급여에 기본급 + 식대 + 연장근로수당 포함'과 같은 임금 지급조건을 제시하며 채용공고를 내는 사업장도 적지 않은 상황입니다.

이렇게 사전에 월간 총근로시간을 기준으로 (또는 이를 계산하지 않고) 총액임금을 결정한 뒤, 시간외근로에 대한 법정 제수당을 포함하여 급여를 결정하는 방식을 포괄임금제라고 합니다. 포괄임금제는 법이 정한 임금지급 방식은 아니나 실무상 다양한 형태로 사용되고 있으므로, 근로기준법에 위반되지 않는지 세심한 검토가 필요합니다.

• 포괄임금제의 정의

근로계약 체결 시 실제 근로시간을 따지지 않고 기본임금에 제수당을 포함하거나 일정액을 제수당으로 정하여 매월 지급하는 방식의 임금제도를 말합니다.

• 포괄임금제의 요건

첫째, 포괄임금제는 근로형태나 업무의 성질상 근로시간과 휴게시간이 불규칙하거나 근로자가 재량을 가지고 근로시간 등을 결정할 수 있어 근로시간 측정이 곤란한 경우로, 사업주의 관리 · 감독에 따라 근로를 제공하고 근로시간이 비교적 명확히 정해져 있다면 원칙적으로 포괄임금제가 허용되지 않습니다.

포괄임금제를 적용할 수 있는 업종이나 업무는, ① 주로 회사 밖에서 근무하고 근로시간을 근로자가 재량으로 결정하는 경우, ② 업무가 기상 · 기후 등 자연조건에 좌우되어 정확한 근로시간의 측정이 어려운 경우, ③

근무형태가 단속적 · 간헐적이어서 대기시간이 많아 정확한 실근로시간 산정이 어려운 경우 등이 있습니다.

둘째, 근로계약서에 기본임금에 제수당이 포함되어 임금이 지급된다는 내용을 명시하여 이를 근로자가 동의해야 하고, 포괄산정한 임금이 근로자에게 불이익을 주지 않아야 하며, 제반 사정상 정당하다고 인정되는 경우이어야 합니다. 단순히 근로자가 아무런 이의없이 급여를 받아왔거나 노사 당사자 간 일정 시간을 연장근로시간으로 간주하기로 하는 합의가 있다 하더라도 이를 포괄임금제에 대한 합의로 보지 않습니다.

마지막으로, 고정급 연장근로수당을 월 급여에 포함하여 지급하더라도 노사 당사자 간에 월 임금에 포함된 고정연장근로수당 금액을 명시하거나 연장근로시간을 약정하여 시간급 임금의 산정 및 연장근로수당의 계산이 가능해야 합니다. 따라서, 포괄임금제를 적용하여 지급한 임금 및 제수당이 실제 연장, 야간, 휴일근로가 발생하여 근로기준법에 의해 산정한 급여수준에 미치지 못한다면 그 차액을 지급해야 합니다.

사례의 회사에서 포괄임금제를 적용한 직원들이 위 요건을 충족하고 있다면 적법하게 임금제도를 운영하고 있는 것으로 볼 수 있으나, 사무직 등 근로시간을 측정하는데 어려움이 없는 근로자들이라면 일반적인 근로계약을 체결하여야 합니다.

아울러 이미 포괄임금제를 운영 중인 경우, 임금 인상 없이 임금구성을 적법한 범위로 조정할 수 있으며, 이때 근로계약상 실근로시간과 이를 반영한 임금구성이 일치하도록 각 항목을 조정해야 합니다.

정글노동법
72화

입·퇴사자의 4대 보험 처리하기

Q 총무업무를 담당하던 직원이 그만두는 바람에, 채용이나 인사관리, 기타 세무처리를 하고 있는 사업주입니다. 직원들 입·퇴사할 때 신고하는 4대 보험에 대하여 자세히 알고 싶습니다.

사장님, 계세요?
저 미아예요.
어? 미아 씨?
어쩐 일?
사장님, 제가 얼마 전에
입사를 했잖아용~?
헤벌쭉
오구오구
응응~
사장
하예노
근데 4대 보험 처리 왜
안 해주시는 거에용?
아...
그게...
미아
짜증!
경리 송대리가 출산휴가라 그렇거든.
그 부분 좀 더 보전해주기로 했잖아?
사정 좀
봐주라~
사장님 그런데 기한 안
지키면 과태료 물 텐데...
어머~
정말용?
눈치 없게 왜 직원
앞에서 그런 소릴 해!
팀킬이야?
저야 다 회사 잘
되라고… ㅠ.ㅠ

A 우리가 흔히 '4대 보험'이라고 부르는 것은 사회보험의 일종으로, 사회보험이란 실업 · 질병 · 출산 · 사망 등 각종 사고에 의해 노동능력이 일시적 혹은 영구적으로 상실되고 임금이나 소득이 중단 · 상실되는 경우를 대비하여, 생활보장을 목적으로 국가가 강제적으로 관리 · 운영하는 보장제도를 말합니다.

'사회보험'은 기본적으로 미래에 직면할 수 있는 사회적 위험에 대비하여 사전에 대비하는 제도로, '민영보험'과 마찬가지로 가입자의 보험료를 재원으로 가입자에게 발생하는 위험을 분산하는 보험원리를 이용하고 있지만, 영리를 목적으로 하지 않는다는 점에서 '민영보험'과는 다른 성격을 가지고 있습니다.

이 가운데 '4대 보험'은 취업하여 사업장에서 근무하는 근로자의 권익보호를 위한 사회보장제도로서, 관련 법에 따라 건강보험, 고용보험, 산재보험 그리고 국민연금 가입을 강제하고 있기 때문에 일반적으로 '4대 보험'이라 부르고 있습니다.

4대 보험은 사업장에 주 15시간 이상 근무하는 근로자가 1명만 있어도 반드시 가입해야 하며, 산재보험은 전액 사업주가 부담하되 국민연금을 비롯한 건강보험, 고용보험은 사업주와 근로자가 각각 일정률을 나누어 부담하게 됩니다.

• 국민연금

국민연금은 근로자가 일정 이상 나이가 되어 은퇴하게 되었을 경우, 일하지 못하는 것을 대비하여 만든 보험입니다. 일정 이상 소득이 있는 대한민국 국민이라면 반드시 가입해야 하며, 회사에 재직하고 있는 경우 근로자와 사업주가 각각 절반씩 부담합니다.

• 고용보험

고용보험은 근로자가 실직으로 인하여 생계를 유지할 수 있도록 퇴직 후 실업급여나 고용안정의 목적으로 만든 사회보장보험을 말하며, 실업급여의 경우 실근무일 기준 6개월 이상 가입이 되어 있어야 신청을 할 수 있습니다.

국민연금과 마찬가지로 고용보험도 보험료를 근로자와 사업주가 각각 부담하며, 실업급여를 목적으로 징수하는 부분은 똑같이 부담하지만, 고용안정을 목적으로 징수하는 고용보험료는 사업주만 부담합니다.

• 건강보험

건강보험은 질병이나 부상으로 인해 발생한 고액의 진료비로 가계에 과도한 부담이 되는 것을 방지하기 위하여, 평소에 보험료를 내다가 필요 시 보험급여를 제공받는 사회보장제도를 말합니다.

다른 보험처럼 건강보험도 소득에 따라 보험료가 달라지며, 역시 사업주와 근로자가 각각 절반씩 부담합니다.

• 산재보험

산재보험은 근로자가 업무상 재해를 당했을 때 신속하고 공정하게 보상하며, 재해근로자의 재활 및 사회 복귀를 촉진하기 위한 사회보험을 말합니다.

산재보험은 사업주가 보험료를 전액 부담하며, 산재보험의 보험료율은 재해가 발생하는 빈도와 지급보험료 등을 고려하여 업종마다 차이가 있습니다.

• 4대 보험의 취득신고

❶ 4대 보험 취득일은 입사일을 기준으로 합니다.

❷ 건강보험은 입사 후 14일 이내에 신고해야 하며, 국민연금 · 고용보험 · 산재보험은 입사한 다음 달 15일까지 신고를 완료해야 합니다.

❸ 4대 보험은 각 공단에서 운영하며, 취득신고는 근로복지공단 고용 · 산재보험 토탈서비스 또는 4대 사회보험 정보연계센터를 이용하거나 공단별로 각각 할 수 있습니다.

❹ 입사일이 1일인 경우 해당 월에 4대 보험료가 모두 부과되며, 입사일이 2일 이후인 경우에는 고용 · 산재보험료만 당월부터 부과됩니다.

• 4대 보험의 상실신고

❶ 4대 보험 종료일은 퇴사일을 기준으로 하며, 최종근무일의 다음 날로 합니다.

❷ 건강보험 · 고용보험 · 산재보험은 퇴사 후 14일 이내에 신고해야 하며, 국민연금은 퇴사한 다음 달 15일까지 신고를 완료해야 합니다.

❸ 상실신고 또한 근로복지공단 고용 · 산재보험 토탈서비스 또는 4대 사회보험 정보연계센터를 이용하거나 공단별로 각각 할 수 있습니다.

참고로, 사업장의 규모와 근로자의 월 급여를 알고 있으면 온라인으로 모의 4대 보험료를 확인할 수 있습니다.

(https://www.4insure.or.kr/ins4/ptl/data/calc/forwardInsuFeeMockCalcRenewal.do)

사례처럼 4대 보험 신고를 미루거나 잘못 신고하여 정정을 하는 경우, 회사에 과태료가 부과되거나 행정벌이 내려지니, 근로자를 채용하는 사업주는 정해진 기간 내에 신고를 완료하기 바랍니다.

정글노동법 73화

휴직자의 경우 4대 보험료를 납부하지 않아도 되나요?

Q 인건비 관리와 고용유지를 위해 지난 달부터 순환 휴직을 실시 중인 중소제조업체 관리 담당자입니다. 비용절감을 위해 골머리를 앓고 있던 차에, 휴직에 들어간 직원들은 4대 보험료를 안 내도 된다는 말을 들었는데 사실인가요?

이비가 대리님, 저
휴직 중인 남지인데요.
아,
남주임!
병원에 왔는데 제 의료보험료가
미납이라고 하더라구요.
이거
레알임?
남주임님 지금 무급 휴직이잖아요?
그래서 회사는 납부 안 하고 있는데.
아니 제가 회사에서 잘린 것도 아닌데
이렇게 보험을 정지시키면 어떡해요.
수근수근
너무해!
쪽팔려!
저도 사장님 지시로 그렇게 했구요,
국민연금, 고용보험, 산재보험도
납부 안 하고 있어요.
쓸데없는
지출 쳐내욧~
회사가 너무 한 거 아녜요?
법대로 하시는 거 맞아요?
4대 보험은 안 내도
된다던데 왜 이래요?

A 4대 보험은 국민연금, 건강보험, 고용보험 및 산재보험을 말하는 것으로, 주 15시간 이상 근무하는 근로자를 사용하는 사업장에서는 반드시 가입하여 매월 보험료를 납부해야 하는 사회보험입니다.

근로자의 4대 보험 가입은 관련 법령이 강제하는 의무사항이기 때문에 재직 중 계속 보험료를 납부해야 하는 것이 원칙이지만, 근로의무가 면제되거나 근로를 제공하는 장소가 국내가 아닌 경우 등 예외적인 사유가 생겼을 때에는 이를 유예 또는 면제해 주는 경우가 있습니다.

사례처럼 근로자가 무급휴직을 하는 경우, 납부예외 신청을 통해 고용 · 산재 · 국민연금 등의 보험료를 절감할 수 있습니다. 다만, 건강보험은 보장 특성상 계속 납부하는 것이 원칙입니다.

이때 휴직기간 동안 급여나 기타 금품 등이 지급되지 않아야 하며, 휴직기간이 1개월 이상이어야 납부예외나 감면을 받을 수 있습니다.

• 근로자 휴직 시

무급 휴직기간 동안은 근로의무가 면제되는 대신 임금을 포함한 소득이 발생하지 않기 때문에 국민연금, 고용보험과 산재보험은 납부예외 대상이 됩니다. 보험료 납부예외 신청을 하면, 해당기간 동안 보험료를 납부하지 않을 수 있습니다.

이 가운데 고용보험료와 산재보험료는 휴직 여부와 관계 없이 보험료를 납부하고, 보수총액 신고를 통해 보험료를 정산하여 휴직기간 동안 납부했던 금액을 환급받을 수도 있습니다.

반면, 건강보험은 납부예외가 아닌 납부유예만 신청이 가능하며, 휴직기간이 종료되었을 때 한꺼번에 보험료를 납부해야 합니다. 건강보험은 휴직기간에도 보험혜택의 기간이기 때문에 휴직과 관계없이 보험료가 부과되지만, 휴직 중에는 소득이 발생하지 않으므로 납부유예를 신청할 수 있는 것입니다.

근로자는 복직 후 휴직기간 동안 납부유예 된 건강보험료를 산정하여 일시납 혹은 분납의 방식으로 납부해야 합니다.

• 근로자 복직 시

휴직 중이던 근로자가 복직하는 달에 국민연금(납부재개신고서)과 건강보험(보험료 납부유예 해지 신청서)공단에 이를 신고하여 보험료가 다시 정상 부과될 수 있도록 하여야 합니다.

한편, 산재보험은 근로자 휴직신고를 할 때 휴직종료일을 명시하도록 되어 있으므로 복직 시 별도의 신고를 하지 않아도 되며, 고용보험 또한 복직 시 별도의 신고 절차가 없습니다.

정글노동법

74 화

회사를 그만두면 무조건 실업급여를 받을 수 있는 것 아닌가요?

Q 직원 퇴직신고로 골치인 인사 담당자입니다. 개인 사정으로 회사를 그만두면서 무조건 실업급여를 받게 해달라고 우기는 퇴직자를 종종 접하게 되는데, 이런 분들에게 명쾌하게 실업급여를 받을 수 있는 조건을 설명해 줄 방법이 있을까요?

사장님! 저 정말
서운합니다!
뭐야. 라매니저
이렇게 불쑥?
갑자기?
여기서 얼마를 일했는데... 다음 달
그만둘 때 실업급여 받도록 해주세요.
사장
하예노
당신이 사업하겠다고 그만두면서
무슨 실업급여를 받게 해달래?!
장난
하삼?
받을 수 있는 방법을 찾아봐야죠.
제가 제 자의로 나가나요?!
열불
나네!
회사 측 사정 봐줘서 그만둔 건데
실업급여는 받게 해 줘야죠!
뜨끔
윽...
회사가 나가라 등 떠민 거
아니니 난 모르겠다굿!
자꾸 이러면 나도
여기 드러누워야겠다!

A 고용보험은 가입한 근로자가 실직하여 재취업 활동을 하는 기간에 소정의 급여를 지급함으로써 실업으로 인한 생계불안을 극복하고 생활의 안정을 도와주며 재취업의 기회를 지원해주는 제도로서, 실업급여는 크게 구직급여와 취업촉진수당으로 나누어져 있습니다.

실업급여는 사회보장제도인 고용보험의 일환이므로 실업에 대한 위로금이나 고용보험료 납부의 대가로 지급되는 것이 아니며, 실업이라는 보험사고가 발생했을 때 취업하지 못한 기간에 대하여 적극적인 재취업활동을 한 사실을 확인하고 지급합니다.

또한 실업급여 중 구직급여는 특별한 사유가 없는 한 퇴직 다음날로부터 12개월이 경과하면 더 이상 지급받을 수 없습니다.

• 구직급여 신청요건

구직급여를 신청할 수 있는 자격은 다음과 같습니다(2021년 기준).

1. 이직일 이전 18개월간 피보험단위기간이 통산하여 180일 이상일 것
2. 근로의 의사와 능력이 있음에도 불구하고 취업하지 못한 상태에 있을 것
3. 재취업을 위한 노력을 적극적으로 할 것
4. 이직 사유가 비자발적인 사유일 것

따라서 사례의 경우처럼 근로자가 창업이나 새 사업장으로 이직을 하기 위해 다니던 직장을 그만두게 되면 실업급여를 신청할 수 없는 것이 원칙입니다.

다만, 자발적 이직자의 경우에도 이직하기 전에 이직 회피 노력을 다하였으나 사업주 측의 사정으로 더 이상 근로하는 것이 곤란하여 이직한 경우 이직의 불가피성을 인정하여 수급 자격을 부여합니다.

• 구직급여 수급기간 (2021년 기준)

구직급여 수급기간은 2019년 10월 1일 이후 이직 기준, 120~270일 동안 지급되며 50세 미만/50세 이상 총 2단계로 구분되어 지급됩니다.

연령 및 가입기간	1년 미만	1년 이상 3년 미만	3년 이상 5년 미만	5년 이상 10년 미만	10년 이상
50세 미만	120일	150일	180일	210일	240일
50세 이상 및 장애인	120일	180일	210일	240일	270일

• 구직급여 수급금액

구직급여는 퇴직 전 평균 임금의 일정비율(60%)에 소정급여 일수를 곱하여 수급금액을 산출하되 다음과 같이 상한액과 하한액을 두고 있습니다.

❶ 실업급여(구직급여) = 퇴직 전 평균임금(1일) × 60% × 소정급여 일수

❷ 상한액 = 1일 66,000원(2021년 기준)

❸ 하한액 = 퇴직 당시 최저임금의 80% × 1일 소정근로시간(8시간)

단, 계산된 하한액이 60,120원보다 낮은 경우에는 60,120원

정글노동법

75화

해고나 권고사직이 아니어도 실업급여를 받을 수 있다고 하던데

Q 전 직원을 대상으로 실업급여에 대하여 설명을 잘 마쳤습니다. 다만, 회사의 권고나 해고가 아니더라도 실업급여를 받을 수 있는 자격이 궁금하다는 요청이 추가로 들어오고 있는데, 한 번 더 도움을 주시면 좋겠습니다.

사장님 계세요?
라마 매니저,
오랜만이네.
사장님. 결국 저 실업급여
못 받게 처리하셨다면서요?
아 그거...
사장
하예노
라 매니저 내보내는 걸로 신고하면
회사에 불이익이 생기니 어쩔?
네?
내가 나가고 싶어서 나간 거요?
아니 이
사람이
뭔 소리를...
꼭 해고나 권고사직을 해야만 실업
급여를 받는 게 아니라구요!
간다...
매니저님...
이제 꽃길 걸으세요..
뭐, 나야
잘 모르지.
귀찮게스리!
그렇게 귀찮으시면
회사 때려치시죠!

A 앞서 정리한 것처럼 실업급여(구직급여)는 근로자가 비자발적 사유로 인해 퇴사할 경우 받을 수 있는 것이 원칙이며, 비자발적 사유란 해고나 권고사직처럼 고용관계 종료에 근로자의 책임이 없는 경우를 말합니다.

따라서 자발적 사유, 즉 근로자가 개인적인 사정으로 퇴사의사를 밝혀 근로관계를 종료할 때에는 실업급여를 받을 수 없는 것이 원칙입니다.

그러나 모든 법칙에는 예외가 있듯이 사례의 라마 매니저처럼 스스로 회사를 그만두더라도 실업급여를 받을 수 있는 예외적인 조건이 있으며, 그 내용은 다음과 같습니다.

❶ 임금체불 · 최저임금 위반 · 연장근로 한도 위반 · 휴업수당 지급 위반 등 실제 근로조건이 채용 시 회사가 제시했던 근로조건이나 채용 후 적용되었던 근로조건보다 낮아지게 된 경우

❷ 사업장에서 종교, 성별, 신체장애, 노조활동 등을 이유로 불합리한 차별대우를 받은 경우

❸ 사업장에서 본인의 의사에 반하여 성희롱, 성폭력, 그 밖의 성적인 괴롭힘을 당한 경우

❹ 관련 법에 따른 직장 내 괴롭힘을 당한 경우

❺ 사업장의 도산 · 폐업이 확실하거나 대량의 감원이 예정되어 있는 경우

❻ 경영상 사유로 사업주로부터 퇴직을 권고받거나, 인원 감축이 불가피하여 고용조정 계획에 따라 실시하는 퇴직 희망자의 모집으로 이직하는 경우

❼ 사업장의 이전 또는 원거리 전근 · 배우자나 부양가족과의 동거를 위한 이전 등으로 인하여 통근 시 이용할 수 있는 통상의 교통수단으로는 사업장으로의 왕복에 드는 시간이 3시간 이상이 된 경우

❽ 육아휴직, 병역, 가족돌봄휴가(휴직)가 필요한데 기업의 사정상 해당 근로자에게 휴가나 휴직을 허용할 수 없어 이직한 경우

❾ 산업안전보건법상 중대재해가 발생한 사업장으로서 고용노동부로부터 안전보건상의 시정명령을 받고도 시정기간까지 시정하지 않아 같은 재해 위험에 노출된 경우

❿ 신체기능 저하로 업무 수행이 곤란하고, 기업의 사정상 업무 전환이나 휴직이 어려워 이직한 것이 객관적으로 인정되는 경우

⓫ 정년의 도래나 계약기간의 만료로 회사를 계속 다닐 수 없게 된 경우 등

사례의 사업장도 라매니저가 위 사유에 따라 사직한 것인지를 확인하여, 실업급여를 신청할 수 있는 사정이 있었다면 이를 반영하여 퇴직신고를 하면 됩니다.

아울러, 다음의 어느 하나에 해당한다고 고용센터의 장이 인정하는 경우에는 수급자격을 인정하지 않으니 유의하기 바랍니다.

❶ 근로자가 법률을 위반하여 금고 이상의 형을 선고받은 경우
❷ 근로자가 재직 중 사업에 막대한 지장을 초래하거나 재산상 손해를 끼친 경우
❸ 근로자가 정당한 사유 없이 장기간 무단 결근한 경우
❹ 전직 또는 자영업을 하기 위해 이직한 경우
❺ 중대한 귀책사유가 있는 사람이 해고되지 않고 사업주의 권고로 이직한 경우 등

정글노동법
76 화

정상적인 외주계약과 불법파견을 구분하는 법

Q 최근 노동청에서 공장 생산라인 도급계약과 관련하여 불법파견 점검을 나온다는 공문을 받았습니다. 불법이 발견되면 형사 고발도 가능하다는데, 적법한 외주 도급계약과 불법파견을 어떻게 구분할 수 있나요?

사장님, 내년도 도급계약 기안서입니다.
아, 그래. 올해 그래도 무난했지?
네. 그래서 내년에도 올해와 같은 회사들과 도급계약 하려구요.
음.. 뭐 일리 있네.
참! 생산라인별로 우리 직원들을 반장으로 투입시키면 어떨까?
효율도 오르고!
천재적 발상 아녀? 역시 난..
아.. 네.. 그런데 우리 직원들을 수급사 직원과 함께 일 시켜도 될까요?
?
옥돔섬유에서 하청업체 직원들에게 일 시키다 문제가 됐다던데...
능률도 올리고, 가이드도 시키자는 거잖아~!
와이낫?!
사장님, 저도 노동청 가긴 싫어서요.

A 이제는 사회적으로 적법한 도급이나 파견계약이 정착되고 있지만, 여전히 건설, 제조업 일각에서는 불법파견으로 인한 분쟁이 일어나고 있습니다.

특히 도급계약의 외형을 띠고 있으나 실질적으로는 근로자 파견에 해당하는 운영을 하는 사업장은, 외주업체와 작성한 계약서가 있으니 문제없을 것이라는 안일한 생각을 가지고 있다가 자칫 큰 문제가 될 수 있으므로 사전에 상시적인 점검체계를 갖추는 것이 필요합니다.

근로자 파견이란, 파견사업주(파견업체)가 근로자를 고용한 후 고용관계를 유지하면서 근로자를 파견근로 공급계약을 맺은 사용사업주의 지휘 아래 명령을 받아 법이 정한 범위에서 업무에 종사하게 하는 것을 말합니다.

이와 달리, 도급이란 당사자 일방이 어느 일을 완성할 것을 약정하고 계약의 상대방은 그 일의 결과에 대하여 보수를 지급할 것을 약정하는 계약을 말하며, 흔히 '용역'이라고 불리는 계약형태는 기업 외부에서 인력을 공급받아 사용하는 도급의 한 형태를 말합니다.

따라서, 불법파견이란 파견법을 위반하여 근로자를 파견하거나 공급받는 것으로,

① 근로자 파견사업의 허가를 받지 않은 업체로부터 근로자 공급이 이루어지는 경우 ② 파견법에서 금지하고 있는 업무에 파견하는 경우 또는 파견법 시행령이 정하는 대상업무가 아닌 업무에 근로자를 파견하는 경우 ③ 파견법에서 정한 최대 파견기간인 2년을 초과하여 근로자를 파견하는 경우 등이 불법파견에 해당합니다.

그리고 ④ 형식상 도급(또는 위탁)의 형태를 띄고 있더라도 그 실질이 파견법상 근로자 파견에 해당하는 경우 또한 불법파견으로, 사례의 기업은 이와 같이 기업이 운영하는 도급계약이 적법한지를 확인하는 고용노동부의 점검대상 사업장이 된 것으로 보입니다.

위 형태 중 ①, ②, ③의 경우 법률이나 시행령을 지키고 있는지 여부가 명확히 확인이 되므로 다툼의 여지가 크지 않으며, 혹시 위법한 부분이 있더라도 비교적 쉽게 시정을 할 수 있으므로 실질적으로 주요한 점검의 대상이 되는 것은 ④번 형식상 도급 · 용역 · 외주계약으로 업무를 위탁했으나 실질이 파견법상 근로자 파견에 해당하는 경우입니다.

따라서, 용역이나 도급계약을 통해서 업무를 위탁하였음에도 도급인이 수급인 근로자에게 직접 지휘 · 명령을 한다면, 그 실질은 파견법의 정의 규정에 따른 '근로자 파견'에 해당하게 되므로 결국 불법파견으로 판단을 받게 될 위험이 매우 큽니다.

특히 그 업무가 파견법상 '근로자 파견대상업무에 해당하지 아니하는 업무에서 파견 근로자를 사용한 경우' 또는 '파견금지 업무에 파견 근로자를 사용하는 경우' 그리고 '2년 이상 파견 근로자를 사용한 경우' 등에 해당하게 되면 파견법에 따라 직접고용의무가 발생하게 됩니다.

사례의 사업장도 위 순서에 따라 형식적인 측면에서 문제가 없는지 먼저 확인을 한 뒤, 내용상 적법한 도급방식으로 사업을 운영하고 있는지 혹은 불법파견의 위험요소는 없는지 반드시 확인하여 분쟁의 소지를 미연에 방지해야 합니다.

정글노동법
77화

직장 내 성희롱, 이렇게 예방해야 한다

Q 아래층 회사에서 직장 내 성희롱 문제로 큰 난리가 나서 몇 사람이 퇴사하고 분위기가 말이 아니라고 합니다. 우리 회사에서 이런 문제가 발생하지 않게 하려면 어떤 조치를 취하는 것이 좋을까요?

저쪽 호사장네 사무실이 어수선
하던데 무슨 일 있나?
아,
그거요?
네 저 회사에서 글쎄요,
성희롱이 있었다네요.
얼씨구?
거거, 사람들이 왜 회사에서 추태야
추태는. 하라는 일이나 할 것이지.
ㅋㅋ
ㅋㅋ
그나저나 누구야, 누구? 멀끔해
보이더만. 역시 겉만 봐선 몰라.
ㅋㅋ
되게
좋아
하시네...
누군지는 잘 모르겠지만 조사를 나와서
직원들도, 회사도 발칵 뒤집혔대요.
뭐야? 회사에도 피해가 있어?
그럼 우리도 대비해야지!
범고래는
머리 좋다고
들었는데...
회사도 책임이 있겠죠.
회사 내 성희롱인데...

A ‘미투’ 운동이 사회적 이슈가 되면서 직장 내 성희롱과 예방이 과거보다 더 주목을 받고 있습니다. 단순히 연간 1회 예방 교육 실시를 통해 법정 교육의무를 준수하는 형식적 절차를 넘어, 조직 내 성평등 문화와 차별적 관행을 개선하는 것이 목표가 되고 있기 때문입니다.

특히 과거에는 성희롱이 발생하더라도 대체로 조용히 문제를 처리하는 것이 일반적인 모습이었다면, 요즘은 사례의 아래층 회사와 같이 가해자에 대한 중징계나 인사이동이 수반되며 마무리가 되는 방식이 점차 보편화 되고 있습니다.

• 직장 내 성희롱의 개념

‘직장 내 성희롱’이란 사업주 · 상급자 또는 근로자가 직장에서의 지위를 이용하거나 업무와 관련하여 다른 근로자에게 성적 언동 등으로 성적 굴욕감 또는 혐오감을 느끼게 하거나 성적 언동 또는 그 밖의 요구 등에 따르지 아니하였다는 이유로 근로조건 및 고용에서 불이익을 주는 것을 말합니다.

• 직장 내 성희롱 요건

❶ 성희롱의 피해자는 사업장 내 근무하고 있는 근로자이며, 사업주는 피해자가 될 수 없습니다. 또한 일반적으로 여성 근로자가 대부분이지만, 남성의 경우에도 성희롱의 피해자가 될 수 있습니다.

❷ 지위를 이용하거나 업무 등과 관련하여 성희롱이 발생해야 하며, 널리 업무와 관련성이 있으면 성희롱에 해당합니다. 업무수행의 기회나 업무수행에 편승하여 성적 언동이 이루어진 경우뿐만 아니라 권한을 남용하거나 업무수행을 빙자하여 성적 언동을 한 경우도 성희롱에 포함됩니다.

❸ 지위를 이용하거나 업무 관련성이 인정되는 경우라면 사업장 밖이나 근무시간 외에서의 행위라도 성희롱에 해당할 수 있습니다.

• 사업주의 조치의무

사업주는 성희롱 발생 사실을 신고한 근로자 및 피해 근로자 등에게 인사상 · 업무상 불리한 처우를 해서는 안 됩니다. 또한 조사 결과 직장 내 성희롱 발생 사실이 확인된 경우에는 지체 없이 직장 내 성희롱 행위를 한 사람에 대해 징계, 근무장소의 변경 등 필요한 조치를 해야 합니다.

여전히 기업들이 직장 내 성희롱 문제를 처리할 때, '문제를 너무 크게 만들지 말자'거나 '조직문화에 악영향을 미치는 것은 아닐까'라는 생각에 피해자를 설득하여 조용히 넘어가려고 하는 경우가 있습니다.

하지만 이러한 미봉책으로 직장 내 성희롱 문제를 덮어두다 보면 조직문화를 개선하지 못하게 되며, 가해자와 피해자를 가까운 곳에 둠으로써 같은 사건이 재발하거나 인사상 보복이 발생하는 경우도 있습니다.

사례의 회사와 같이 문제를 예방하려고 한다면, 직장 내 성희롱에 대한 고충이나 문제제기가 회사에 접수되었을 때, 회사는 먼저 사실관계를 철저히 조사하여 성희롱이 있었는지 파악해야 합니다.

또한 직장 내 성희롱 사실이 확인되었다면 가해자에 대한 강력한 처벌과 피해자 보호를 병행해야 하며, 케이스 스터디를 포함한 전사적 예방활동을 통해 이러한 위반행위가 발생하지 않도록 주의를 기울여야 합니다.

정글노동법
78 화

일하다 다치면 산재일까요?

Q 현장 직원이 사무실에서 다쳐 며칠 치료를 받은 후 산재처리를 해 달라고 하는데, 최근 몇 년간 사내에 산재사고가 발생한 적이 없어 어떻게 처리해야 할지 난감한 상태입니다. 어떤 경우가 산재에 해당하는 건가요?

사장님! 문주임입니다~.
어제 사고 보고 왔습니다~.
똑똑!
어? 문주임.
그 팔은 왜 그래?
어휴… 바닥 배선에 걸려서 넘어졌구요
병원에 갔더니 골절로 전치 4주라네요.
그래도 회사 왔어요.
기특하죠?
에구… 그러길래 조심 좀 하지.
평소에도 덤벙대고 하더만.
빨판은 어따 써?
ㅠ.ㅠ 사장님 이거 이비가 대리에게
말해서 산재처리하면 되는 거죠?
어머! 본인 부주의인데
산재? 그건 좀 아니지~.
설마 회사에서 다치면 무조건
산재라고 생각하는 거?
에이~ 그건
좀 아니지~
회사 일 하다가 다친 건데
이게 산재가 아니면 뭐에요!

A 산재보험은 근로자를 채용할 경우 의무적으로 가입하는 4대 보험의 하나로, 근로자의 업무상 재해를 신속하고 공정하게 보상하며, 재해근로자의 재활 및 사회 복귀를 촉진하기 위해 시설을 설치 · 운영하고, 재해예방과 그 밖에 근로자의 복지 증진을 위한 사업을 시행하기 위한 사회보험을 말합니다.

• 산재보험의 특징

산재보험은 사용자가 근로자의 업무상 재해에 대해 고의 또는 과실이 있는지 여부에 대해 묻지 않고 산업재해보상 보험급여를 지급합니다.

산재보험은 근로자를 사용하는 모든 사업 또는 사업장에 적용됩니다. 다만, 공무원, 군인, 선원, 교원 등 다른 법에서 재해보상을 정하고 있는 경우나 일부 소규모 사업장의 경우에는 적용되지 않습니다.

• 산재보험과 업무상 재해

산재보상 보험급여는 산재보험에 가입된 사업장의 근로자가 업무상 재해를 당한 경우에 지급됩니다. 여기서 '업무상 재해'란 업무상의 사유에 따른 근로자의 부상 · 질병 · 장해 또는 사망을 말합니다.

근로자가 업무상 사고 또는 업무상 질병으로 부상 · 질병 또는 장해가 발생하거나 사망하면 업무상 재해로 봅니다. 다만, 업무와 재해 사이에 상당한 인과관계가 없는 경우에는 업무상 재해로 보지 않습니다.

업무상 재해 인정기준을 모두 갖춘 경우에도 근로자의 고의 · 자해행위나 범죄행위 또는 그것이 원인이 되어 발생한 부상 · 질병 · 장해 또는 사망은 업무상 재해로 보지 않습니다.

• 업무상 사고 인정기준

❶ 작업시간 중 작업 및 작업에 수반되는 필요적 부수행위를 하던 중에 발생한 사고 또는 사회통념상 휴게시간 중에 할 수 있다고 인정되는 행위로 인하여 발생한 사고

❷ 작업시간 외에 발생한 사업주가 관리하고 있는 시설의 결함 또는 사업주의 시설관리 소홀로 인하여 발생한 재해

❸ 근로자가 출 · 퇴근하는 도중에 발생한 사고

❹ 근로자가 사업주의 출장지시를 받아 사업장 밖에서 업무를 수행하고 있을 때 발생한 사고

❺ 기타 사업주의 관리하에 진행된 행사(운동경기 · 야유회) 중 사고

• 업무상 질병의 인정기준

❶ 근로자가 업무수행 과정에서 유해 · 위험요인을 취급하거나 유해 · 위험요인에 노출된 경력이 있을 것

❷ 유해 · 위험요인을 취급하거나 유해 · 위험요인에 노출되는 업무시간, 그 업무에 종사한 기간 및 업무 환경 등에 비추어 볼 때 근로자의 질병을 유발할 수 있다고 인정될 것

❸ 근로자가 유해 · 위험요인에 노출되거나 유해 · 위험요인을 취급한 것이 원인이 되어 그 질병이 발생하였다고 의학적으로 인정될 것

사례와 같이 사업장 내에서 발생한 부상이라면 원칙적으로 업무상 사고에 해당하므로, 특별한 사정이 없는 한 문주임은 산재를 신청할 수 있습니다.

정글노동법

79화

직원이 산재를 당한 경우, 산재보상 외에 따로 보상을 해 주어야 하나요?

Q 작업장에서 직원이 급하게 뛰어가다 제품더미에 부딪혀 재산 피해를 내고 본인도 크게 다쳐 병원에 입원했습니다. 1개월 이상 입원 치료가 필요하다는데, 이러한 경우 산재보험 처리 외에 다른 보상이 필요할까요?

사장님 지난번 문주임 있잖아요.
산재처리 받아 주기로 했잖아요?
그런데?
그게 쉽게 끝나지 않을 것 같아요. 저도 좀 황당한데…
듣기 전부터 불길하다 이거~ …뭔데요?
평소에 끈적거리는 다리를 주체 못하고 덤벙대더니, 산재처리도 부족하다고?
크앙~~!
회사가 바닥 배선도 잘못했고, 제품도 방치해서 덮쳤으니 문제라고…
우당탕!!
이래서 애초에 산재니 뭐니 할 때부터… 그래서 회사에 소송이라도 하겠대요?
사장님이 화내면 살 떨려…
네, 바로 그거! 어떻게 아셨어요? 여기 오늘 소장도 받았는데…
뭐얏? 문어 숙회 맛 좀 보는건가?

A 사업장 안전보건 관련 상담을 하다 보면 근로자 본인의 부주의나 고의로 인하여 다치거나 질병에 걸리더라도 산재보험의 보장대상이 되는지 문의하는 경우를 종종 보게 됩니다. 사보험처럼 본인의 과실로 재해가 발생한 때에는 보상이 어려울 것으로 지레짐작하여 미리 낙담하는 경우도 있습니다.

앞에서도 설명했듯이 산재보험의 가장 큰 특징은 재해의 원인이 어디에 있는지를 묻지 않고 피해를 입은 근로자에게 보험급여를 지급한다는 데에 있습니다. 따라서 일단 산재가 발생한 경우에는, 업무가 원인이 되어 발생한 재해인지 여부만 입증할 수 있으면 보상을 받을 수 있습니다.

이렇게 산재보험급여는 근로자의 연령과 과실여부에 관계없이 일정한 보상을 하는 사회보험의 하나이지만, 만약 재해 발생에 사용자의 고의나 과실이 있는 경우 민법상의 손해배상책임이 발생합니다.

이때 사용자가 근로자에게 배상할 손해액 산정은 ① 해당 근로자의 연령과 ② 과실비율, 그리고 ③ 재해가 발생한 때부터 정년퇴직 시점까지 잔여기간을 기준으로 산출합니다. 이러한 손해배상 금액 산정방법은 산재보상에서 정하고 있는 구간별 산정금액과 차이가 있습니다.

또한 사용자의 책임에 따른 손해배상금액은 근로자의 연령에도 영향을 받게 되는데, 근로자가 고령이라면 배상액이 줄어드는 반면 재해를 당한 근로자가 젊고 근로에 문제가 없는 상태라면 배상할 금액이 예상보다 훨씬 크게 산정될 수 있습니다.

사업주의 과실이란, 안전교육을 하지 않았거나 안전시설을 갖추지 않는 등 재해 발생의 간접적인 원인을 포함하는 광의의 개념입니다. 작업차량의 전복이나 기계의 고장 등 직접적이고 가시적인 것만으로 과실 범위를 한정하여 판단하지 않는다는 것을 알아두어야 합니다.

한편 사용자의 지시에 따른 장시간의 근무로 인해 근로자의 주의 집중력이 저하될 수밖에 없는 상황이었다거나, 동료근로자의 고의나 과실에 대해서도 사업주가 책임을 져야 하므로 산업재해가 발생하지 않도록 근본적인 대책을 강구하는 노력이 필요합니다.

사례의 경우, 근로자가 작업장에서 재해를 당했으므로 근로복지공단에 산재보상 신청을 하여 요양급여와 휴업급여 등 적절한 보상을 받을 수 있습니다. 다만, 민사상 보상은 회사의 과실이 있었는지 여부에 따라 달라집니다.

작업장 내에서 급하게 뛰다 특별한 이유 없이 재해를 당했다면 회사의 책임은 면제될 것입니다. 그러나 쌓아놓은 제품더미가 쉽게 부딪힐 수 있는 상태로 있었다거나 안전장치가 없는 상태였다면 회사는 근로자를 안전하게 보호하지 못한 책임을 져야 합니다.

회사는 작업장의 관리상태를 파악하여 재해를 당한 근로자에게 추가적인 배상을 해야 하는지 확인하고, 향후 같은 문제가 발생하지 않도록 조치를 하기 바랍니다.

정글노동법
80 화

업무수행 중 교통사고를 당했는데, 산재보험 외에 자동차보험도 신청할 수 있나요?

Q 거래처로 출장을 간 직원이 돌아오는 길에 중앙선을 침범한 차량과 충돌하는 사고를 당했습니다. 일단 산재보험을 신청해서 치료를 받고 있다는데, 상대방 과실로 인한 교통사고이므로 자동차보험에서도 추가로 보상을 받을 수 있는지 궁금합니다.

마부장님,
괜찮으세요?
호주임, 어서 와요.
어휴… 죽겠어.
사장님이 가보라고 하셔서요.
큰 사고 아니라서 다행이네요.
응, 게다가 상대방 100% 과실
이라서 사과를 많이 하더라구.
참, 이거 산재 신청하실 건가요?
사장님이 물어보라시던데.
해야지. 그런데 상대방 자동차보험
에서도 보상이 나오는 것 같던데.
앗!
부장님, 그럼 우리 그거 나오면
좋은 데 가서 술이라도 한잔?
빨리
낫고 싶은
의지 뿜뿜!
완전
쩐다!
호주임은 이런 때는
아주 머리가 잘 돌아~!

A 출장 중 교통사고가 발생한 경우는 산재에 해당하므로 기본적으로 산업재해보상보험법에 의한 보상을 받을 수 있습니다. 또한 일반적으로 차량에 의한 교통사고가 발생한 경우 자동차보험에서 피해자에게 치료비를 포함하여 금전적 보상을 하게 되므로, 사례처럼 업무상 재해로 교통사고가 발생했을 때 산재보험과 자동차보험 양쪽에서 보상을 받을 수 있는지가 이슈가 되곤 합니다.

결론을 먼저 말하자면, 산재보험과 자동차보험 양쪽에 보험급여를 청구하는 것은 가능하며 어느 한쪽만을 선택하여 신청을 할 수도 있습니다. 다만 양쪽에 보험급여를 신청한 경우라도 자동차보험금과 산재보험금 둘 다 전액 받을 수 있는 것은 아닙니다. 두 보험 모두 피해자의 신체적, 금전적 구제를 목적으로 하므로 하나의 보험을 청구하면 다른 보험은 그 한도 내에서는 청구할 수 없습니다.

출퇴근이나 업무 수행 중 자동차 사고를 당할 경우 일반적으로 자동차보험보다는 산재보험으로 처리하는 것이 유리합니다. 자동차보험은 일회성 보장으로 끝나고 과실비율을 따지는데 비하여, 산재보험은 장해가 남는 경우에 대한 보상이 명확하고 치료가 끝난 뒤 다시 재발하는 경우에도 다시 요양 신청을 할 수 있기 때문입니다.

일단 산재보험으로 보상을 받기로 했다면 정해진 기준에 따라 요양급여, 휴업급여 등의 보험급여를 받을 수 있습니다. 이때 자동차보험에서 산정한 보험금으로 받을 수 있는 금액과 비교하여 해당 보험금이 더 크면 그 초과 금액에 대해 자동차 보험사에 차액을 청구할 수 있습니다.

반대로 자동차보험에서 자손 보험금을 먼저 받고서 산재보험을 신청한다면, 일반적으로 수령한 자동차 보험금액의 한도에서 산재보험급여는 발생하지 않으며 근로복지공단이 보험사에 구상권을 행사하게 됩니다.

한편 피해를 입은 근로자의 연령이나 교통사고에 대한 과실비율에 따라 어떤 보험을 신청할 것인지 결정해야 하는 경우도 있습니다.

산재보험은 재해자의 과실과 나이를 고려하지 않고 사전에 정해진 기준에 따른 정률보상이 특징이므로 피해를 입은 근로자의 나이가 많고 사고에 대한 과실이 많은 경우에는 산재보상을 신청하는 것이 유리합니다. 반면 재해를 당한 근로자의 나이가 적고 사고에 대한 과실이 없는 경우에는 자동차보험을 선택하는 것이 유리한 경우가 많습니다.

따라서 사례의 경우 자동차사고로 인하여 입원한 마부장은 산재보험을 통하여 요양급여를 받을 수 있으며, 상대방 자동차 보험을 통하여 추가적인 자동차 보험금의 청구도 가능합니다.

정글노동법

81화

산재처리를 하면 산재보험료가 '할증'되는지

Q 직원이 매장을 관리하다 다쳐서 산재보험으로 치료를 받겠다고 합니다. 만약 산재신청이 승인되어 치료를 받게 되면 산재보험료가 올라가거나 다른 불이익이 생기지 않을까요?

호주임, 마부장
산재처리는 잘했어?
네~ 사장님.
잘 쉬고 있다네요.
그런데 이렇게 산재처리를 하면
보험료가 할증되는 건가?
글쎄요... 국가가 관리하는 건데 민간
보험처럼 보험료 할증이 붙을까요?
저도
산재는
첨이라...
산재보험을 많이 받아도 보험료가 같으면
나라도 웬만하면 산재처리하겠네.
모럴
해저드?
글쎄요... 정부가 보전하지
않을까 싶은데.
대한민국
산재
회사
요렇게?
그게 다 세금이잖아.
당연히 관리하겠지.
나랑 내기할까?
VS
과연 승자는?!
내기요? 흐흠. 사장님
돈 딸 수 있는 기회네요?

A 산재보험료는 ① 업종, ② 근로자 수, ③ 산재 발생 여부 라는 3가지 요소를 통해 결정되는데, 일반적으로 광업이나 채석업, 임업처럼 근로자의 위험부담이 큰 업종은 비교적 보험료율이 높은 편입니다. 반면에 사무직이 대다수를 차지하는 금융업이나 전문 서비스업 등은 상대적으로 낮은 보험료를 납부합니다.

또한 산재보험에는 '개별실적요율'이라고 하는 보험료의 인상 또는 인하 제도가 마련되어 있어서 산재 발생 여부 및 발생빈도에 따라 보험료를 증감하게 하고 있습니다. 산재사고가 빈발하는 사업장과 산업안전을 준수하는 사업장에 같은 보험료율을 적용하는 것은 형평성에 맞지 않기 때문입니다.

이렇게 산재보험료를 결정하는 요소에 '산재 발생 여부' 가 포함되어 있다 보니, 간혹 사업주가 보험료 할증을 이유로 산재보험 처리를 꺼려 - 산재 신청서에 날인을 거부하고, 업무상 재해임을 입증하는 서류나 진술을 피하는 경우가 있습니다.

하지만 보험료는 산재가 발생하여 보험 처리를 할 때마다 바로 인상 또는 인하되는 것이 아니라 일정한 요건에 해당하는 경우에만 변동이 일어납니다.

① 매년 6월30일 현재 산재보험관계가 성립한 지 3년이 경과된 사업의 경우에만 적용
② 일반사업의 경우에는 상시근로자수가 10명 이상인 경우에만 적용 (단, 건설업은 2년 전 총공사실적액이 20억 원 이상인 경우)
③ 그해 6월30일을 기준으로 이전 3년간 납부한 산재보험료 대비 그 사업장 직원들이 수령한 산재보상금의 비율(보험수지율)이 85% 초과하면 인상, 75% 이하이면 인하

따라서, 사업을 시작한 지 3년이 안 되거나 (건설업의 경우)공사실적이 20억 원이 안 되는 경우 또는 직원수가 10명 미만인 경우에는 산재사고 발생 건수에 따라 산재보험료가 변동되지 않습니다.

근로자수가 10명 이상인 경우라도 그 사업장에서 과거 3년간 납부한 산재보험료 대비 직원들이 수급한 산재보상금의 비율이 85%를 초과한 경우에만 보험료가 인상되므로, 산재사고가 많지 않은 사업장은 한 두번의 산재 신청으로 바로 보험료가 할증되지 않습니다.

설혹 산재보험료가 할증된다고 하더라도 그 비율은 2.3%에서 최대 20%까지로, 중대한 재해가 빈발하지 않는 이상 터무니없는 수준으로 할증되는 것은 아닙니다.

사례의 사업장은 마부장의 교통사고 이전 3년 사이에 산재가 빈발하거나 중대한 재해로 요양급여 비용이 큰 사건이 있던 것이 아니라면 사업주가 우려하는 것처럼 산재보험료가 급격하게 인상되는 일은 발생하지 않습니다.

오히려 '공상'처리를 하여 건강보험으로 치료를 받게 하다 산재은폐 행위로 적발되면 징역 또는 벌금이라는 형사처벌의 대상이 됩니다. 업무상 재해로 인하여 직원이 산재신청을 하면, 이에 적극적으로 협조하여 부상이나 질병의 치료가 신속하게 이루어 지도록 해야 하겠습니다.

정글노동법

82화

회사가 부도가 나도 퇴직금을 받을 수 있다고 하던데, 사실인가요?

Q 자금회전이 어려운 상황이라 부도까지 걱정하고 있는 사업주입니다. 회사가 문을 닫을 때 국가가 임금이나 퇴직금을 대신 내주는 제도가 있다는데 사실인가요?

어휴~ 곧 연말인데 자금회전도 안되고, 죽겠네. 이러다 가게 문 닫겠어.
BAR
노래주점
BAR
노래
HOF
BAR
잉? 가게 손님도 꽤 많아 보이고 북적북적하는 것 같던데 왜?
배부른 소리 한다
받을 돈은 좀 깔렸는데, 자금이 돌지 않아. 이런게 흑자도산이라는 건가.
하~~
회사 접어도 월급이랑 퇴직금 못 주면 형사처벌 받는 거 알지?
월급 체불 조심해!
혹시 망하면 어디서 직원들 월급이랑 퇴직금 빌려주는 그런 곳은 없겠지?
마담이 좀 빌려 줄래?
고용노동부에서 임시로 임금을 대신 내주는 제도가 있다고는 들었는데.
이름이 뭐더라…
우리가 공짜 좀 선호하거든
대신? 빌려주는 거야? 이자는? 공짠가?

A 코로나19의 영향으로 많은 중소기업이 어려움을 겪고 있는 가운데, 사례에서 보는 것처럼 직원에게 월급이나 퇴직금도 지급할 여력이 없어 의도치 않게 불법을 저지르는 사업장이나 사업주가 하소연을 하는 모습도 보게 됩니다.

원칙적으로 임금지급은 돈에 관한 문제로, 당사자 사이에 해결할 민사상 다툼에 해당합니다. 그러나 사업주가 노력을 하였음에도 불구하고 임금을 지급할 여력이 없는 경우, 근로자는 노동의 대가를 지급받을 방법이 없게 됩니다.

이러한 구조적 문제를 보완하기 위하여 정부는 임금체불 상태에 놓인 근로자를 우선 구제하고, 추후 사업주로부터 근로자에게 지급한 임금 상당액을 구상하는 체당금 제도를 운영하고 있습니다.

• 체당금이란

체당금이란, 사업주가 다음중 하나에 해당하는 경우 퇴직한 근로자가 지급받지 못한 임금 · 퇴직금 · 휴업수당의 지급을 청구하면 고용노동부장관이 사업주를 대신하여 지급하는 임금 · 퇴직금 · 휴업수당을 말합니다.

① 회생절차개시의 결정이 있는 경우
② 파산선고의 결정이 있는 경우
③ 고용노동부장관이 정한 요건과 절차에 따라 미지급 임금 등을 지급할 능력이 없다고 인정하는 경우
④ 사업주가 근로자에게 미지급 임금 등을 지급하라는 도산, 파산, 회생, 화해 등에 해당하는 판결, 명령, 조정 또는 결정(이행권고) 등이 있는 경우

• 회사 요건

❶ 근로자 1인 이상의 회사일 것
❷ 6개월 이상 사업을 운영했을 것
❸ 법원으로부터 파산선고 결정, 회생개시 결정을 받거나 고용노동부로부터 사실상 도산인정을 받을 것

• 근로자 요건

❶ 해당 회사에서 퇴직한 근로자일 것
❷ 임금, 휴업수당, 퇴직금이 체불되었을 것
❸ 체당금 신청이 가능한 제척기간이 지나지 않았을 것

• 체당금의 범위

❶ 「근로기준법」 제38조 제2항 제1호에 따른 임금(최종 3개월분의 임금)
❷ 「근로자퇴직급여보장법」 제12조 제2항에 따른 최종 3년간의 퇴직금
❸ 「근로기준법」 제46조에 따른 휴업수당(최종 3개월분으로 한정)

2021년 기준 체당금의 상한액은 다음과 같습니다.

퇴직 당시 연령 / 체당금 종류	30세 미만	30세 이상 40세 미만	40세 이상 50세 미만	50세 이상 60세 미만	60세 이상
임금·퇴직금	220만 원	310만 원	350만 원	330만 원	230만 원
휴업수당	154만 원	217만 원	245만 원	231만 원	161만 원

※ 임금과 휴업수당은 1개월분, 퇴직금은 1년분을 기준으로 합니다.
※ 2021년 법률개정에 따라 "체당금"을 "체불 임금 등 대지급금"으로 용어변경(예정)

따라서, 사례에서 말하는 것처럼 회사가 부도가 나거나 사실상 운영이 불가능한 상태라면 국가가 회사를 대신하여 퇴직금을 지급하는 경우가 있다는 것을 기억해 두기 바랍니다.

정글노동법 83화

소액체당금은 재직 중에도 받을 수 있나요?

Q 두 달 전 퇴직한 직원들에게 퇴직금을 아직 지급하지 못했습니다. 퇴직한 직원들은 체당금으로 우선 문제를 해결하라는데, 회사가 문을 닫지 않았는데도 체당금을 신청할 수 있을까요?

도사장이 좋은 제도 알려줘서
마음이 쪼끔 놓이는구만.
큭큭,
그래?
BAR
BAR
HOF
실은 매형이 음식점을 좀 크게 했거든.
그 제도 덕에 큰 위기를 넘겼다고 들었어.
그래?
고오급
정보 더
들어간다
그리고 매형은 음식점을 접은 게
아니라, 중간에 수혈을 받던데?
그래? 회사를 운영하면서도
지원을 받을 수 있다고?
레알?
그게
가능?
그건 그냥 무이자, 무담보 대출
이잖아? 설마 그런 게 있을 리가…?
여기 봐~
맞아~
헐…
찐이다-!
사업을 하려니 참 별별
지식이 다 필요하구만.
나도
아티스트
라구!
사업은 종합예술
이라고 하잖수!

A 체당금 제도란 회사가 임금, 퇴직금을 지급하지 못할 때 국가가 회사를 대신하여 근로자에게 임금, 퇴직금을 지급하고 이후 회사에 구상권을 행사하는 제도입니다. 그동안은 일반체당금이 시행되어 왔으며 2015년 7월 1일부터 소액체당금이 추가로 운영되고 있습니다.

일반체당금은 회사가 법원의 파산결정, 회생개시결정, 노동부의 사실상 도산 인정이 있어 도산을 인정받은 경우 최대 2,100만 원까지 받을 수 있는 제도이나, 회사가 도산이나 폐업 등으로 실체가 사라져야 신청이 가능합니다.

반면에 소액체당금은 회사가 도산하지 않고 정상적으로 운영, 가동되고 있어도 체불된 금품이 있으면 최대 1,000만 원까지 신청을 할 수 있습니다. 다만, 임금 및 퇴직금이 모두 체불되었을 때 상한액이 1,000만 원이고, 임금만 혹은 퇴직금만 체불된 경우 최대 상한액은 700만 원입니다.

• 제도의 특징과 장단점 비교

구 분		일반체당금	소액체당금
지급액	지급범위	최종 3월분 임금(휴업수당)	(좌동)
		최종 3년분 퇴직금	
	상한액	연령별 220만 원~350만 원	700만 원 (총합 1,000만 원)
지급 사유		파산선고의 결정, 회생절차개시의 결정	지방고용노동관서의 '체불임금 등 사업주 확인서', 확정된 종국판결, 지급명령 등
		지방고용노동관서의 사실상 도산인정	
지급대상 근로자		파산(도산) 신청일 기준 1년 전부터 3년 이내 퇴직한 근로자	재직근로자, 퇴직일의 다음 날부터 2년 이내에 소송을 제기한 퇴직근로자

구 분	일반체당금	소액체당금
사업주 기준	해당 사업 6개월 가동	(퇴직일까지) 해당 사업 6개월 가동
	상시 근로자 수 300인 이하	사업주가 건설업 무면허자의 경우에는 직상의 수급인을 기준으로 적용
	파산 및 도산	
청구기한	파산(도산) 선고일(인정일)부터 2년 이내	사업주 확인서 발급일이나 확정된 종국판결일 등으로부터 1년 이내
비고(중복 시)	일반체당금 지급액을 산정한 후 기 지급한 소액체당금액을 공제하여 지급	일반체당금 수급자에 대해서는 소액체당금을 지급하지 않음

※ 재직자의 소액체당금 신청은 2021년 하반기 적용
※ 2021년 법률개정에 따라 "체당금"을 "체불 임금등 대지급금"으로 용어변경(예정)

• 소액체당금 신청 요건(퇴직근로자 기준)

❶ 회사가 근로자의 퇴직일을 기준으로 6개월 이상 사업이 운영되었을 것
❷ 근로자가 퇴직한 날의 다음날부터 2년 이내에 체불임금 확인서나 확정국판결을 받을 것
❸ 확인서 발급이나 확정판결일로부터 1년 이내에 소액체당금을 청구할 것

사례처럼 회사를 계속할 예정이라면 소액체당금으로 퇴직금을 우선 변제하여 퇴직한 근로자들에 대한 금품청산을 완료한 뒤, 경영사정이 호전되면 정부가 구상권 청구에 응하여 해당 금액을 납부하는 것을 적극적으로 고려해 보기 바랍니다.

정글노동법
84화

임금체불에 따른 법적 문제, 이렇게 대응하자

Q 회사를 그만둔 지 두 달이 지났는데도, 회사가 마지막 달 월급과 퇴직금을 지급하지 않고 있습니다. 어떻게 해야 신속하게 못 받은 돈을 받을 수 있을까요?

장과장, 예전부터 좀
궁금했는데 말야.
흠...
임금이나 퇴직금 안 주면
형사고소를 하잖아?
많이들 그렇게
하죠. 얼라들도
다 알고...
사장
하예노
그런데 형사처벌이... 원래 돈 떼어먹을
생각으로 근로계약을 했다면 몰라도...
이것
봐라...?
회사에 돈이 없어 부득이하게 못
준 것도 처벌이 되냐는 말씀이시죠?
고러취~
맞어. 실은 내 친구가 그렇게 해서
사기죄 처벌을 몇 번씩 피해갔거든.
들개라고
있어~
사기죄랑 좀 다를 걸요?
미지급하면 곧장 쇠고랑!
으로 알아요.
오싹~
철컹
철컹
장과장 이 녀석도
임금 밀리면 나 쇠고랑
채울 기세구만.

A 노동 관련 상담을 하다 보면, 가장 자주 접하는 사례가 임금체불 사건입니다. 임금, 퇴직금, 연차수당, 시간외 근무수당 등 형태는 다양하나, 결국은 사업주가 지급의무를 이행하지 않고 있다는 점에서는 동일한 문제입니다.

사회적으로 축적된 경험과, 정부의 제도 홍보, 그리고 관련 기관들의 지원을 통해 다양한 해결방안이 마련되고 있으니 이번에는 관련 법령의 보호 규정에 따른 절차를 알아보겠습니다.

• 임금체불 진정 및 소송

임금은 사업주와 근로자 사이에 발생한 민사상 금전관계에 불과하지만, 노사 간 힘의 불균형이나 근로자에게 있어 임금의 중요성을 고려하여 형사처벌을 할 수 있도록 특별한 법적 보호를 하고 있습니다.

이 가운데 행정구제 절차인 임금체불 진정은 사업장 소재지를 관할하는 고용노동부 지청에 "임금체불 진정" 신고를 접수하여 구제를 받을 수 있습니다. 조사 결과, ① 체불이 인정되고, ② 체불임금액이 확정되면 고용노동부에서 체불 사업주에 대하여 지급지시를 명합니다. 지급여력과 지급의사가 있는 체불 사업주의 경우 이 단계에서 대부분 체불임금을 지급합니다.

만약 고용노동부의 지급지시에도 불구하고 사업주가 임금을 지급하지 않는다면 근로기준법 위반으로 체불 사업주에 대해 기소의견을 담아 검찰에 형사사건으로 송치합니다. 그리고 근로자에게는 사실조사 결과 확정된

체불금액을 담은 체불금품확인원을 발급합니다.

임금체불로 인한 민사소송을 진행할 경우, 재직 당시 받던 월 급여가 400만 원 미만인 근로자는 대한법률구조공단에서 무료로 법률구조를 받을 수 있습니다.

• 체당금제도

고용노동부 진정이나 소송을 통한 구제 외에도 체당금제도를 통한 권리 행사도 가능합니다. 다만, 체당금 신청은 회사가 도산이나 폐업 등 법적으로 영업이 중단되거나 사실상 중단된 것이 입증되어야 합니다.

• 민사집행(임금채권자의 배당순위)

민사소송에서 승소한 근로자는 사업주의 재산에 강제집행을 신청할 수 있는데, 이때 최종 3월분의 임금 및 최종 3년분의 퇴직금에 대해서는 배당순위 상 최우선으로 변제를 받을 수 있습니다.

또한 최우선으로 받을 수 있는 범위 밖의 임금채권은, 담보물권 및 담보물권보다 앞서는 세금관련 채권, 공과금 채권보다는 순위가 밀리지만, 그 외의 조세. 공과금 및 일반채권보다는 먼저 배당을 받을 수 있습니다.

사례의 사업주 주장과는 달리 임금체불은 근로기준법의 특별한 보호를 받습니다. 따라서 임금을 제때 지급하지 않는다면 민사상 임금지급의무와 더불어 고의 여부와 관계없이 형사상 범죄자가 되므로 근로계약 준수를 가볍게 여겨서는 안될 것입니다.

정글노동법

85화

업무시간 중간에 있는 휴식시간이나 수면시간이 근로시간에 포함될까요?

Q 제품 재고와 원자재를 보관하는 창고 경비원과 다툼이 발생했습니다. 야간에 수시로 입출고가 발생하여 제대로 잠잘 시간이 없다며 추가로 수당을 지급해 달라는 내용입니다. 어떻게 해야 하나요?

•
•
•

공장에서 야간 근무 민원이 몇 번 와서 보고를 드려야 할 것 같아서요.
뭔데?
추가로 야간근로수당을 달라는 건데요.
잉?
주저 주저
우리 공장 숙직은 따땃하기로 소문난 일이잖아? 무슨 근로야 근로는?
다들 퍼져서 잘~~ 잔다더만?
지난달까지 얘기구요. 요즘 물류사 사정상 밤에 수시로 입출고를 해서요.
물류 대폭발인 거 아시죠?
아니 입출고 시간이 얼마나 된다고? 그럼 나머지 쉬는 시간은?
입출고를 언제 할지도 모르고 제대로 쉬지를 못한다고….
황당하네!
당장 가서 파악 좀 해봐욧.

A 근로시간이란 근로자가 사용자의 관리 · 감독 아래 근로를 제공하거나 업무지휘를 받기 위해 대기하는 시간을 말하며, 반대로 휴게시간(휴식시간)이란 근로자가 사용자의 지휘를 받지 않고 자유롭게 이용할 수 있는 시간을 말합니다.

근로계약에서 정한 바에 따라 근로시간과 휴게시간을 구분하는 것이 보통이지만, 형식상으로는 휴게시간이지만 실질적으로 근로시간에 속하는지 휴게시간에 속하는지 다툼이 발생하는 경우가 있습니다.

24시간 교대제로 근무를 하는 아파트 경비원이 대표적인 경우로, 근로계약서에는 휴게시간과 수면시간(야간 휴게시간)이 규정되어 있지만 실제 운영은 이와 다른 경우가 많습니다.

이에 대한 고용노동부와 법원의 해석은 다음과 같습니다.

"근로자가 작업시간 도중에 현실로 작업에 종사하지 않은 대기시간이나 휴식 · 수면시간 등이라 하더라도 그것이 휴게시간으로서 근로자에게 자유로운 이용이 보장된 것이 아니고, 실질적으로 사용자의 지휘 · 감독 아래 놓여 있는 시간이라면 근로시간에 포함된다."

따라서 사례의 사업장은 다음과 같은 기준에 따라 실제로 경비원들이 휴게시간을 사용하고 있는지 여부를 검토할 수 있습니다.

- 공장 야간 경비원들에게 근무장소(경비실) 외에 독립된 휴게공간을 제공받았는지
- 독립된 휴게공간이 있는 경우에도, 경비원들이 자발적으로 휴게공간이 아닌 근무장소(경비실)에서 휴게시간을 보낸 것인지
- 경비원들이 회사의 지휘 · 감독을 받지 않고 자유롭게 휴식이나 수면을 취하였는지
- 회사가 휴게시간에 경비원들에게 경비 또는 순찰을 지시하거나 경비원들의 근무상황을 감시하거나 보고를 받은 적이 있는지
- 경비원들의 휴게시간 중 경비 또는 순찰의 지시로 인하여 나머지 휴게시간을 사용할 수 없었는지
- 이와 같은 휴게시간의 방해가 불가피한 사정에 의한 것인지 또는 일시적이었는지

야간에 수시로 제품 · 자재 입출고가 발생하여 근로계약서에 보장된 휴게시간(수면시간)을 제대로 사용하지 못하고 있다면, 이는 실질적으로 근로시간 또는 근로를 위한 대기시간으로 보아 야간근로에 따른 수당으로 보상해야 합니다.

다만, 금전보상과 별개로 – 야간 휴게시간이 근로시간에 포함됨으로써 – 근로시간 증가에 따른 법정 근로시간 한도를 초과하는 문제가 발생할 수 있으니, 실질 휴게시간을 확보하는 방향으로 회사의 물류 시스템을 조정하는 것이 바람직합니다.

직원들이 소개하는 우리 사장님(범경)

Jungle labor law character

PART 7

노사관계

정글노동법
86화

기업별 노동조합과 산업별 노동조합은 어떻게 다른 건가요?

Q 기업별 노동조합이 있는 사업장이었는데, 최근 사무직을 중심으로 산업별 노동조합이 새로 설립되었습니다. 노동조합에도 종류가 있는 건가요?

사장님 면담 신청입니다.
몽대리가 왔네요.
응? 몽대리?
들어오라고 해요.
우리 회사에 건설노조 지부가 생겨서
인사드리러 왔습니다.
잉? 무슨
노조 지부?
무엇...?
우리 회사에 기존 노조 있잖아요?
그거 놔두고 뭔 새 노조야?
벌떡!
기존 노조는 본사 직원 중심이라 영
이해관계가 달라서... 이해해주세요.
흥! 칫!
**노조
핏!!
OO지부
크지도 않은 회사에 뭔 노조가...
1개도 머리가 터지겠는데!
아니 뭐
이리
막무가내야
사장님, 저희도 다 알아보고
한 거니까요. 좀 알아보시죠.
과유불급
아니신가?
큿... 그래 한번 봅시다.
말이 되는지 아닌지!

A 고용노동부 통계를 보면 2019년 말 기준 우리나라 노동조합 조직률은 12.5%라고 합니다. 이는 OECD 국가의 평균 노조 조직률 29.1%(2015년 기준)에 비하여 여전히 낮은 수치입니다.

노동조합 조직률이 낮게 나타나는 까닭은 과거 우리나라의 노사관계가 주로 기업단위 교섭 구조를 갖고 있고, 헌법에서 보장하는 노동3권이 개별 법이나 사업 현장에서 제대로 적용되지 못하고 있던 탓으로 볼 수 있습니다.

이에 한동안 기업단위 노동조합만을 인정해 온 관련 법 제도를 개정하여 1997년 복수노조 설립을 허용하였고, 이후 3차례나 시행을 미룬 끝에 2011년 7월부터 개정된 노동조합 법령이 본격적으로 시행되었습니다.

• 노동조합의 개념

노동조합이란 "근로자가 주체가 되어 자주적으로 단결하여 근로조건의 유지 · 개선 기타 근로자의 경제적 · 사회적 지위의 향상을 도모함을 목적으로 조직하는 단체 또는 연합단체"를 말합니다.

다만, 다음과 같은 경우에는 적법한 노동조합으로 보지 않습니다

❶ 사업주나 업무상 항상 사업주 편에서 행동하는 자의 노동조합 참가를 허용하는 경우
❷ 조합 운영경비의 주된 부분을 사용자로부터 원조받는 경우
❸ 근로조건 개선이 아닌 공제 · 수양 기타 복리사업만을 목적으로 하는 경우
❹ 근로자가 아닌 자의 노동조합 가입을 허용하는 경우
❺ 주로 정치운동을 목적으로 하는 경우

• 노동조합의 종류

❶ 직업별 노동조합: 동일한 직능을 갖는 근로자끼리 결속한 횡적 조직(숙련근로자 중심)
❷ 산업별 노동조합: 동일산업에 종사하는 모든 근로자가 하나의 노동조합을 구성
❸ 기업별 노동조합: 동일한 (단일)기업에 종사하는 근로자로 조직된 형태
❹ 일반 노동조합: 특정 조건에 따른 일반 근로자들을 폭넓게 규합하는 형태

한편, 노동조합은 결합방식에 따라 근로자를 조직 구성원으로 하는 단일 조직체와 개별 노조를 구성원으로 하는 연합체(협의체) 조직으로 구분할 수 있습니다.

사례의 사업장은 기업별 노동조합이 있는 상태에서 조합원 자격을 달리하는 새로운 산업별 노조가 신규로 설립된 것으로 보이며, 이 경우 사내에 복수의 노동조합이 공존하며 회사와 관계를 가지는 형태가 됩니다.

복수노조가 설립된 경우 노동조합과 관계를 맺는 방법에서부터 단체교섭을 진행하는 절차, 각 노동조합에 대한 처우 등 노동조합이 1개만 있는 사업장과는 매우 다른 관리가 필요하니, 각별한 주의를 기울여야 합니다.

정글노동법

87화

사내에 조만간 노동조합이 설립된다는 소문이 퍼지고 있습니다. 노동조합을 설립하는데도 지켜야 할 절차가 있나요?

Q 경영난을 타개하기 위해 직원들에게 급여 반납을 재촉한 결과, 직원들 일부가 노동조합을 결성했다는 소식을 들었습니다. 노동조합은 아무나 신고만 하면 성립되는 것인지 궁금합니다.

사장님, 직원 몇 명이 왔는데...
노조 관련 드릴 말씀이 있다고...
응?
노조?
무슨 노조?
사장님, 저희가 영업부서 직원 중심으로
이번에 노조를 만들어서 인사드리려구요.
뭐? 노조? 무슨 뚱딴지같은
소리지? 갑자기?
못마땅~
회사에서 급여 10% 반납하라고 하신
게… 다들 참을 수가 없다고 해서요.
아시죠?
노조는 뭐, 그냥 만들겠소~
하면 만들어지는 거야?
픽
웃어?
사장님, 지금 그 발언,
노조 무시하시는 건가요?
인성
문제
있어요?
윽...

A 노동조합은 근로자가 사용자나 제3자의 지시 없이 주체적으로 조직을 구성하고, 구성원인 근로자들의 근로조건의 유지 · 개선 기타 근로자의 경제적 · 사회적 지위의 향상을 도모함을 목적으로 운영해야 합니다.

이러한 원칙에 따라 개별 근로자가 노동조합의 조합원이 되는 방법은 크게 2가지가 있는데, 노동조합을 새로 만드는 방법과 이미 만들어져 있는 노동조합에 가입하는 방법입니다.

• 기존 노동조합에 가입하는 방법

기업별 노동조합 외에도 산업별 노동조합(산별 노조)이나 지역별 노동조합 등 노동조합에는 다양한 종류가 있습니다. 따라서, 사내에 기업별 노조가 없어도 산업별 노조나 지역별 노조에 가입하면 조합원이 될 수 있으며, 사내에 노조를 결성한 것과 같은 효과를 가집니다.

산업별 노조나 지역별 노조는 이미 설립되어 있는 단체이므로 노동조합 설립자격의 심사가 필요하지 않으며, 기업별로 한 명 이상 가입을 할 수 있습니다.

• 새로운 노동조합을 설립하는 방법

새로 노동조합을 만들고 싶다는 것은 보통 기업별 노조를 설립하는 것을 말하며, 이 경우 노동조합 및 노동관계조정법(노조법)에 정해진 절차를 거쳐야 합니다. 노조법은 노동조합의 민주성과 자주성을 위해 몇 가지 형식적 요건들을 법으로 정해 놓고 있습니다.

• 노동조합 설립에 필요한 요건

❶ 최소 2명 이상의 조합원
❷ 명칭, 목적과 사업, 주된 사무소의 소재지, 조합원에 관한 사항 등 주요 사항을 포함한 노동조합 규약 작성
❸ 노동조합 설립총회 개최(규약 제정 및 임원 선출)
❹ 설립신고서와 규약을 첨부하여 관할 행정기관에 설립신고
❺ 관할 행정기관이 교부한 설립신고증 수령

회사에서 새로 노조가 결성된다면 대체로 기업별 노동조합을 설립하는 것으로 볼 수 있습니다. 반대로 결성과정이나 설립 절차에 대한 이야기도 없이 바로 노조가 단체교섭을 요구하거나 공문을 보내온다면 근로자 중 일부가 산별 · 지역별 노조에 가입하여 사내에 지부나 지회가 성립된 것입니다.

사례의 노조는 설립 절차나 과정이 공개되지 않았던 것으로 보아 산별 · 지역별 노조인 것으로 보입니다. 어떤 형태던 적법하게 신고가 완료된 노조라면 신뢰를 바탕으로 적절한 노사관계를 만들어 가야 할 것입니다.

정글노동법

88화

복수노조 사업장의
교섭창구 단일화 절차

Q 복수노조 사업장의 경영지원 담당자입니다. 작년에 새 노조가 생겨서 올해 단체교섭부터는 교섭창구 단일화 과정을 거쳐야 한다는데, 구체적으로 무엇을 어떻게 해야 하는 건가요?

•
•
•

사장님. 올해 단체교섭은 준비가 되셨나요?
음... 그럼 우리는 교섭을 두 번 해야 하는 건가?
아~ 귀찮니즘...
그렇지 않아도 새로 생긴 노조에서 연락이 오긴 했는데…
휴... 그래?
그런데 알아보니 회사가 꼭 두 단체랑 따로따로 뭘 해야 하는 건 아닌 듯요.
번쩍!
뭐?
그럼 한 번만 하면 된다구?
단일화 뭐 그런 걸 거치면 된다던데.
이건 이렇고 저렇고
기다립니다~
당장 자세히 좀 알아봐!
딸랑 딸랑
내가 신상필벌 하는 사람이잖아!
역시 저밖에 없죠?

A 2011년 7월부터 기업 단위 복수 노동조합 설립이 허용됨으로써 초기업단위 노동조합은 물론, 기업 단위에서 2개 이상의 노동조합을 자유롭게 설립할 수 있게 되었습니다.

한편, 복수노조와 모두 각각의 교섭을 할 경우 지나치게 많은 교섭시간과 관리비용, 교섭순서에 따른 형평의 문제가 발생할 것으로 보아 이를 해결하는 방안으로 교섭창구단일화 제도가 법제화되었습니다.

따라서, 사례의 백웅 사장도 교섭대표 노조와 한 번의 단체교섭을 통하여 단체협약을 체결할 수 있습니다.

• 교섭창구단일화 제도 도입

사업 또는 사업장 내에서 사용자와 교섭하기 위해서는 모든 노동조합은 교섭창구를 단일화하여 교섭대표노동조합을 정하여야 합니다. 즉, 사업장 내에 다수의 노조가 활동하고 있더라도 실제 사업주와 단체교섭을 하는 것은 대표노조로 인정된 한 곳이라는 의미입니다.

다만, 교섭대표노동조합을 자율적으로 결정하는 기한 내에 사용자가 교섭창구단일화 절차를 거치지 아니하기로 동의한 경우에는 개별교섭도 가능합니다.

교섭창구단일화 기본단위는 사업 또는 사업장이나 현격한 근로조건의 차이, 고용형태, 교섭관행 등을 종합적으로 고려하여 노동위원회의 결정으로 동일한 사업장 내 교섭단위를 분리할 수 있습니다.

• 교섭창구단일화 절차

교섭창구단일화는 노사 간 자율결정 원칙을 최대한 보장하면서, 다음과 같이 단계적으로 진행되도록 합니다.

❶ 우선, 가능하다면 노동조합 간 협의를 통해 자율적 단일화를 합니다.

❷ 만약 자율적 단일화가 이루어지지 않았으나 과반수 노동조합이 있다면, 과반수 노조가 대표노조가 됩니다.

❸ 과반수 노조가 없는 사업장에서는 노사자율로 공동교섭대표단을 구성합니다. 이때 노사자율로 대표단을 꾸릴 수 없다면 노동위원회의 결정에 따릅니다.

공동교섭대표단 구성에는 전체 조합원의 10% 이상인 노조만 참여할 수 있습니다.

• 공정대표의무제도 도입

교섭창구단일화에 따라 발생할 수 있는 소수 노동조합에 대한 불합리한 차별을 방지하기 위해 교섭대표노조와 사용자에게 공정대표의무를 지게 하고 있으며, 교섭대표노조로서 공정하게 교섭을 하지 않거나, 사용자가 불공정한 교섭을 요구하거나 용인하면 공정대표의무를 위반하는 것이 됩니다.

단체교섭에 참여하지 못한 노동조합은 공정대표의무 위반이 있었다고 판단되면 노동위원회를 통해 시정을 신청할 수 있습니다.

참고로 사업장에 1개의 노동조합이 있는 경우에도 원칙적으로 교섭요구 사실을 공고해야 합니다. 사내에 복수노조의 존재가 명확하지 않은 상태에서 사용자가 주관적으로 판단하여 교섭요구에 바로 응해서는 안되기 때문입니다.

정글노동법

89 화

산업별 노동조합과 단체교섭을 할 때, 주의해야 할 점은 무엇인가요?

Q 단체교섭을 처음 맡게 된 인사 책임자입니다. 산업별 노동조합이라고 처음 보는 사람들에게서 교섭 공문이 왔는데, 이 노조와 교섭을 해야 하는 건가요?

사장님… 교섭 전 상견례 일정을 잡아주세요.
끙… 불편…
결혼 준비도 아닌데 상견례는 무슨 상견례!
저런 아재 개그를… 참 아재 맞지?
주례도 필요한가?
곧 노조 본부 차원에서 사람들이 와요.
어디 보자 일정이…
처음 보는 사람들하고 한자리에 앉아서 어색하게 무슨 얘기를…
나 낯 가린다고!
빙그르르
저희도 엄연한 교섭 상대방입니다. 제대로 인정해주세요.
뜨아!
우당탕!
응해야 할지 말지 좀 알아보겠소!
심사숙고 해보겠소…
위법행위하면 저희도 가만히 안 있겠습니다!

A 단체교섭이란, 노동조합이 사용자 또는 사용자단체와 근로조건에 관하여 교섭하는 것으로써 교섭의 결과물로 단체협약이 체결됩니다. 단체교섭 권리는 노동조합의 고유권한으로 적법한 노동조합이 아니라면 단체교섭을 하여도 관련법의 보호를 받을 수 없습니다.

① 정당한 단체교섭 행위는 민 · 형사상 면책
② 사용자가 단체교섭을 정당한 이유 없이 거부하거나 지연하는 것은 부당노동행위에 해당하여 처벌
③ 노동조합의 교섭 담당자는 근로시간 중에 (유급으로)사용자와 협의 또는 교섭 가능

노동조합은 근로자의 근로조건 유지 · 개선과 근로복지 증진이라는 목적을 위하여 조직된 단체로서, 단체교섭을 통하여 이러한 목적을 달성할 수 있기 때문에 노동조합의 기본적인 활동은 단체교섭이라고 볼 수 있으며 단체교섭을 통하여 노동조합의 기능이 강화될 수 있습니다.

그리고 단체협약이란, 노동조합과 사용자 또는 사용자단체 간 단체교섭의 결과로서 근로조건 기타 노사관계의 제반사항에 대해 합의한 문서를 말합니다. 일반적으로 단체협약은 노사 간 근로조건을 합의한 사항이므로, 개별 근로계약서나 취업규칙 등에 우선하여 조직 내 근로관계를 형성하게 됩니다.

이렇게 단체협약은 노사 간의 제반 관계를 규율하는 규범적 계약이기 때문에, 향후 내용이나 내용에 대한 해석을 둘러싸고 다툼이 생길 것에 대

비하여 엄격한 절차를 지키도록 하고 있습니다.

• 단체협약은 반드시 서면으로 작성해야 합니다

"협정", "확인서", "각서" 등 그 명칭은 상관이 없으나, 서면으로 작성되지 않은 단체협약은 법상 효력이 인정되지 않습니다.

• 단체협약은 이를 문서화한 후에 양 당사자의 서명과 날인이 있어야 합니다

노동조합은 그 대표자(노동조합위원장)가 서명 날인해야 하며, 사용자측은 법인기업인 경우 대표이사가, 개인기업인 경우 사업주가 서명 날인해야 합니다.

사례의 사업장은 산업별 노조로부터 단체교섭 요구를 받은 것으로 보아 산업별 노동조합의 지부나 분회와 단체교섭을 진행해야 합니다. 노조의 형태에 따라 교섭방법이 달라지지는 않으니, 법이 정한 기준과 노사간 합의한 절차에 맞춰 원만한 교섭을 진행하기 바랍니다.

정글노동법
90화

노조가 노동쟁의를 할 것인지 투표절차에 들어갔습니다. 어떻게 대처해야 하나요?

Q 임금인상률에 대한 견해 차이를 좁히지 못해 결국 노조가 쟁의를 하기 위한 절차에 들어갔습니다. 파업 말고도 다른 방식으로 쟁의를 할 수도 있다는 말을 들었는데 어떻게 대처를 해야 할까요?

아니 이게 웬 난리야! 20명밖에 안되는 회사에서 뭔 일!
투표
허어~!
저희는요, 노동쟁의 할 것인지 투표하고 있습니다. 방해마시죠.
이크! 사장님..
넘어오지 마세요!
회사 사정이 어려워서 단체교섭을 좀 미루자고 했는데, 그새를 못 참고?!
성격들 참...!
단체협상 요구를 계속 거부하신 거 아닙니까! 참을만큼 참았습니다.
그새가 한달이에요!
뭐래!
그럼 어쩌자고? 파업이라도 하려구?
파업? 와이낫?
노동쟁의가 파업만 있는 건 아니구요, 조합원 뜻을 잘 모아보겠습니다.
꿱!꿱! 아는 동생 좀 모아봐야겠나?
허 참! 계속 이러면 사측도 가만히 있을 수 없지!

A 근로자(노동조합)는 자본이나 생산시설을 가지고 있는 사용자와의 관계에서 원천적으로 힘의 열세에 놓일 수밖에 없으므로, 노조법은 쟁의행위라는 대항수단을 마련해 놓고 있습니다.

통상 근로자 측의 쟁의행위는 사용자에게 노동조합의 주장을 관철시키기 위하여 업무의 정상적인 운영을 저해함으로써, 생산이나 경영에 손실을 주는 효과적인 방법을 선택하게 됩니다.

• 노동쟁의, 쟁의행위 그리고 단체행동

노동쟁의란 노동조합과 사용자 또는 사용자단체 간 근로조건을 논의했으나 합의에 이르지 못해 발생한 분쟁상태를 말합니다. 노동쟁의는 단체교섭이 결렬되면 발생이 되지만, 형식적으로는 노동관계 당사자 중 어느 일방이 상대방에게 서면으로 통보한 때부터 존재하게 됩니다.

노동쟁의는 근로조건의 결정에 관한 사항에 대한 이견으로 다툼이 있는 상태를 뜻하므로, 이러한 분쟁상태(노동쟁의)를 해결하기 위하여 업무의 정상적인 운영을 저해하는 실력행위인 쟁의행위 – 파업 · 태업 · 직장폐쇄 등 – 와 구별됩니다.

한편 단체행동이란 집단적 행위를 의미하는 것으로, 특정한 목적을 이루기 위해 다수 근로자의 의식으로 하는 공동행위를 말합니다. 전단지 배포 · 집회 · 완장 착용 등이 업무의 정상적인 운영의 저해를 수반하지 않는 행위 또한 단체행동에 포함됩니다.

• 노조의 쟁의행위 종류

❶ 파업(Strike)

근로자가 집단적으로 노동력의 제공을 전면적으로 거부 또는 정지하여 생산이 중단되고 사용자에게 경제적 손실을 주는 쟁의행위입니다.

❷ 사보타주(Sabotage)

소극적으로 노무제공을 계속하면서 작업능률을 저하시키거나, 적극적으로 기계 · 제품을 파손하거나 불량품을 생산하는 등의 방해 행위입니다.

❸ 보이콧(Boycott)

주로 보조적인 쟁의행위로 사용하며, 해당 기업의 제품 구매를 조직적 · 집단적으로 방해하고 배척하는 것을 말합니다.

❹ 기타 노동쟁의(생산관리와 준법투쟁)

근로자들이 단결하여 사용자의 지휘 · 명령을 거부하고 사업장이나 공장을 점거하여 자기들의 의사대로 기업경영을 행하는 생산관리와, 평소에는 지키지 않고 있던 안전법규나 제규칙을 엄격하게 준수하여 기업운영의 능률을 저하시키는 준법투쟁이 있습니다.

노동쟁의가 마무리되면 노사 모두 이전의 근로관계로 돌아간다는 것을 잊지 말아야 합니다. 사례의 사업장도 이 대원칙을 항상 염두에 두고 언제든지 타협의 여지를 열어 두고 쟁의에 대처해야 하며, 자칫 불법행위로 인하여 돌이킬 수 없는 상황으로 흐르지 않도록 해야 합니다.

정글노동법

91화

파업에서 발생하는 손해는 누가 책임을 질까요?

Q 원청에서 발생한 파업으로 제품인도가 늦어져 대금 수령에 애를 태우고 있는 하청 사업주입니다. 노조의 파업 때문에 우리 같은 협력 업체에 손실이 발생하면 손해배상을 받을 수 있을까요?

고차장, 결국 파업을
시작하셨구만?
흥!!
당신들 이런 행동하는 건
뒷일 각오한 거지?!
흥!!
이거 이러면 지금 진행 중인
계약 건은 다 어쩔 거야!?
모모사는 제품 다 만들어놓고
우리 무역 진행만 기다리고 있는데!
아니
그걸 왜
우리
한테?
정당한 쟁의행위에 대한 협박행위
중지하라! 중지하라!!
움찔!
우리 손해는 당신네들이
다~~~ 책임질 거지!?
꿱~!
꿱~!
정당한 쟁의행위를
하는데 무슨 손해배상!!

A 파업은 근로자 측에서 할 수 있는 전형적이자 최종적인 쟁의행위입니다. 파업은 근로자가 자신들의 요구사항을 실현시키기 위해 집단적으로 노동의 제공을 거부하고 작업을 중지하는 형태로 표출됩니다.

원칙적으로 단체행동권은 헌법상 보장된 기본권으로 무제한으로 보장되어야 합니다. 다만, 단체행동권을 바탕으로 한 파업이 헌법의 다른 기본권과 충돌할 수 있는 점, 공공복리 등의 필요에 의해 기본권 제한이 필요한 경우가 있는 점, 그리고 잘못된 파업은 노사 간 재산 · 금전상 손해가 발생할 뿐만 아니라 신뢰관계에 회복하기 어려운 타격을 입는다는 점에서 노조법은 쟁의행위에 대한 일정한 제한을 가하고 있습니다.

• 쟁의행위의 정당성 인정 기준

법원의 판례에 의하면 쟁의행위가 정당성을 갖추기 위해서는 다음의 요건을 모두 충족해야 합니다.

❶ 주체의 정당성

쟁의행위의 주체가 단체교섭이나 단체협약을 체결할 능력이 있는 노동조합이어야 합니다.

❷ 목적의 정당성

쟁의행위의 목적이 근로조건의 향상을 위한 노사 간의 자치적 교섭을 조성하는 데에 있어야 하며, 사용자가 처분가능한 사항으로 집단적 성격을 가져야 합니다.

③ 절차의 정당성

사용자가 근로자의 근로조건 개선에 관한 구체적인 요구에 대하여 단체교섭을 거부하였을 때 개시하되, 특별한 사정이 없는 한 법령이 정하는 바에 따라 조정절차, 조합원 찬반투표 및 노동쟁의 발생신고를 거쳐야 합니다.

④ 방법의 정당성

수단이나 방법에 있어서는 소극적으로 근로의 제공을 정지하여 사용자에게 타격을 주는 것이어야 하며, 그 수단과 방법이 사용자의 재산권과 조화를 이루어야 함은 물론 폭력의 행사에 해당되지 않아야 합니다.

만약 정당성을 갖추지 못하고 쟁의행위가 시작되거나 쟁의행위 도중 정당성을 잃어버리게 된다면, 파업에 참가한 조합원과 노동조합은 형사상 범죄 문제와 아울러 파업으로 인하여 사용자가 입은 손해에 대하여 배상할 책임을 지게 됩니다.

다만, 사례와 같이 파업으로 인하여 제3자에게 손해가 발생하는 경우는 다른 기준을 적용하여 제한적으로 인정하고 있습니다. 쟁의행위가 정당성을 인정받는 한 파업을 이유로 제3자가 노조에 손해배상 책임을 물을 수 없습니다.

따라서 원청이나 협력회사에 쟁의행위가 발생하여 재산상 손해가 발생하더라도, 쟁의행위의 정당성이나 책임요건 등을 고려하지 않은 채 노동조합에 손해배상을 청구하거나 불법행위 책임을 묻기는 어려울 것으로 생각됩니다.

정글노동법
92화

경영진에서 불법파업에 대한 대처로 직장폐쇄를 검토하라고 합니다. 어떤 준비가 필요한가요?

Q 가뜩이나 공장 가동률이 떨어지는 상황에서 임금 협상이 틀어지는 바람에 노조가 파업에 돌입했습니다. 회사 입장에서도 뭔가 적극적 조치를 취하고 싶은데, 적절한 방법이 있을까요?

쿠웃! 나 완전히 마음 상했어.
나도 당하고 있을 수만은 없지!
나 생각보다 여린 남자야!
우리도 반격을 해야겠어!
복수혈전!
여리다며?!
그렇다고 강제로 일을 시킬 수도 없는데 어쩌시려구요?
회사 문을 닫아 버려야지!
네? 에이 무슨 농담을…
직장 셔터 내린다니까. 직장폐쇄라고 들어봤지?
나 지금 완전 진지해!
네? 직장폐쇄요? 그건 그냥 하면 되나요?
셔터내릴 힘은 있지?
어떤 때 할 수 있는지 알아봐야지! 우대리가!

A 생산시설과 경영권, 자본을 가지고 있는 회사 또는 사용자가 노사관계에서 힘의 우위를 점하고 있는 것이 일반적입니다. 따라서 노조법은 노동조합의 쟁의권을 규정하고 정당한 쟁의행위를 하는 조합과 조합원을 보호하는데 중점을 두고 있습니다.

그러나, 근로자 측의 쟁의행위로 노사 간에 힘의 균형이 깨지고 오히려 사용자 측이 현저히 불리한 압력을 받는 경우가 간혹 발생합니다. 이럴 때 사용자 측에게 그 압력을 저지하고 힘의 균형을 회복하기 위한 방위 수단으로 쟁의권을 인정해야 형평의 원칙에 위배되지 않을 것입니다.

이러한 배경에서 사용자가 거의 유일하게 방어적으로 사용할 수 있는 쟁의수단으로, 법에 의해 사용 권리가 인정된 것이 직장폐쇄입니다.

직장폐쇄란, 사용자가 그의 주장을 관철하기 위하여 집단적 분쟁에 있어 산업이나 산업체 내의 많은 근로자들을 취업상태에서 배제시키는 것을 말합니다. 즉, 직장폐쇄는 사용자가 근로자들의 노무제공의 수령을 거부하고 생산시설에서 배제하는 행위가 내용이 되는 것입니다.

사례의 범경 사장 주장처럼 직장폐쇄를 파업에 대항하는 무기로 사용하는 것이 가능합니다. 그러나 직장폐쇄는 사용자의 최후 수단이므로 방어 · 대항수단으로만 사용해야 정당성을 인정받을 수 있으며, 구체적으로는 다음과 같은 원칙에 따라 개시 또는 유지되어야 합니다.

• 개시시점

사용자는 노동조합이 쟁의행위를 개시한 이후에만 직장폐쇄를 할 수 있습니다. 따라서 노동조합이 쟁의행위를 개시하지 않았는데 사용자가 선제적인 직장폐쇄를 하는 것은 허용되지 않습니다.

• 목적

노동조합의 쟁의행위로 인하여 노사 간의 교섭력의 균형이 깨어지고, 오히려 사용자 측에게 현저히 불리한 압력이 가해지는 상황에서 회사를 보호하기 위하여 수동적 · 방어적 수단으로서 개시되는 경우에 한하여 허용됩니다.

• 유지기간

노동조합이 쟁의행위를 개시한 이후에 직장폐쇄를 하였다가 그 후 쟁의행위가 종료되었다면 더 이상 직장폐쇄를 유지할 수 없습니다.

사업주 입장에서는 함부로 직장폐쇄를 풀 경우 노조에서 다시 생산라인을 점거하며 파업이나 태업을 할 우려가 있어, 진정한 복귀의사를 확인하기까지 직장폐쇄를 해제하기 어려운 것이 사실입니다.

그러나 노동조합이나 개별 조합원들이 명확한 파업 철회 의사를 하고, 노조가 쟁의행위 철회신청서를 제출하는 등 객관적 · 공식적 절차를 밟았다면, 파업기간 중 발생한 생산차질을 정상화하고 노사 간 신뢰를 다시 회복하기 위해서 직장폐쇄를 해제하는 것이 바람직합니다.

정글노동법
93화

부당노동행위에 대한 이해

Q 노동조합 사무실을 제공하고 유지비용 대부분을 지원하고 있는데, 노동부 점검에서 부당노동행위가 될 수 있다는 의견을 받았습니다. 조합에 불이익을 준 것이 아닌데 어째서 부당노동행위가 될 수 있다는 건지 이해가 되지 않습니다.

위원장님 계세요?
경영지원팀 호주임입니다.
오. 호주임.
어쩐 일?
사장님 지시사항으로요. 노동부
에서 온 공문 전하라시는데…
노조에 조합사무실 제공, 유지비 제공은
개선을 권고한다… 중단하라는 거지?
얘기를
뭐 이리
빙빙 돌려?
라고
하시네요.
뭐? 중단? 그건 단체
협약 사항이잖아?!
벌떡!
그걸 강행한다면 노조도 가만
있을 수 없어! 사장님께 전해!
헉!
캬악~!
그럼 회사는 누구
말을 들으라고요?
결!사!
반!대!
투쟁
우리는 모르고!
노조탄압 중지하라!!

A 단체교섭 컨설팅이나 노동조합 설립 지원을 하다 보면, 부당노동행위를 단어 그대로 이해하고 있는 회사나 노동조합을 만나는 경우가 종종 있습니다. 대표적으로 '부당노동행위 = 노동조합이나 조합원에 대한 사용자의 불이익 취급이나 불법행위'로 뭉뚱그려 생각하는 경우인데, 실제 법 규정의 제한사항은 조금 다릅니다.

• 부당노동행위란?

부당노동행위란 정당한 노동조합 활동을 이유로 불이익취급을 하거나 노동조합 활동에 사용자가 지배 · 개입하는 등 근로자의 노동3권(단결권, 단체교섭권, 단체행동권)을 침해하는 사용자의 행위를 말합니다.

노조법은 노동조합의 권리 침해에 해당하는 사용자의 행위를 5가지로 유형화하여 해당 유형과 범위에 대해서만 부당노동행위로 인정하고 있습니다.

• 부당노동행위 유형

❶ 근로자가 노동조합에 가입 또는 가입하려고 하였거나 노동조합을 조직하려고 하였거나 기타 노동조합의 업무를 위한 정당한 행위를 한 것을 이유로, 그 근로자를 해고하거나 그 근로자에게 불이익을 주는 행위

❷ 근로자가 어느 노동조합에 가입하지 아니할 것 또는 탈퇴할 것을 고용조건으로 하거나, 특정한 노동조합의 조합원이 될 것을 고용조건으로 하는 행위

❸ 노동조합의 대표자 또는 노동조합으로부터 위임을 받은 자와의 단체협약체결 기타의 단체교섭을 정당한 이유 없이 거부하거나 고의로 지연하는 행위

❹ 근로자가 노동조합을 조직 또는 운영하는 것을 지배하거나 이에 개입하는 행위와 노동조합의 전임자에게 급여를 지원하거나 노동조합의 운영비를 원조하는 행위. 다만, 근로자의 후생자금 또는 경제상의 불행 기타 재액의 방지와 구제 등을 위한 기금의 기부와 최소한 규모의 노동조합사무소의 제공은 예외로 함.

❺ 근로자가 정당한 단체행위에 참가한 것을 이유로 하거나 또는 노동위원회에 대하여 사용자가 이 조의 규정에 위반한 것을 신고하거나 그에 관한 증언을 하거나 기타 행정관청에 증거를 제출한 것을 이유로 그 근로자를 해고하거나 그 근로자에게 불이익을 주는 행위

근로기준법상 '정당성이 없는 부당해고 등'은 사용자의 인사행위 전반에 대하여 그 범위를 인정하고 있습니다. 이와 달리 부당노동행위는 법이 정하고 있는 유형에 대해서만 한정적으로 부당성 여부를 판단하게 됩니다.

사례처럼 노동부의 점검의견이 있었다면, 이는 사용자가 '노동조합을 지배 · 개입'하거나 '노동조합에 재정적 지원'을 함으로써 노조의 자율적 운영이나 의사결정에 개입하거나 이를 방해하는 행위를 하고 있지 않은지 확인이 필요하다는 뜻입니다.

회사의 노조에 대한 운영비 원조행위를 일률적으로 부당노동행위라고 말하기는 어려우며, 구체적인 상황에 따라 노조에 대해 지원하는 운영비가 노조운영의 자율성을 침해하는지 여부를 판단해야 합니다.

회사가 단체협상의 결과로 노동조합에 운영비를 지원하는 경우, 운영비의 사용 목적, 지원 금액, 지원기간 및 관리방법 등에 관해 합의서를 작성해 두고 실제 목적에 맞게 사용되도록 협조를 구하는 것이 부당노동행위로 다툼이 발생하지 않는 예방책이 될 것입니다.

정글노동법

94화

노사협의회는 무슨 일을 하는 걸까요?

Q 사내에 노동조합이 있어 주요한 사항은 노조와 협의를 하고 있습니다. 최근 관할 노동청에서 30인 이상 사업장이니 노사협의회를 갖추라는 공문을 받았는데, 노조가 있는 사업장도 노사협의회를 운영해야 하나요?

사장님, 노조위원장입니다.
드릴 말씀이 있어서요~
(윽··· 뭐야 또...)
뭐 무슨 말을...?
아시겠지만 신입 포함하면 우리
회사 직원 수가 30명을 넘었어요.
그렇지.
그래서?
사장님, 노조위원장인데
좀 정중하게 대해주세욧!
윽... 그... 그래서
어떻단 거요?
노사협의회를
만드셔야죠.
이것은
부하직원인가
상사인가
지금껏
이런
부하는
없었다
노조로도 모자라
뭔... 협의회?
두 개가 취지가 다른
조직이거든요.
노조
협의회
쌍으로
괴롭히게?
아, 난 몰라!
이거 회사를 접던지!
성의를
보여요, 쫌!
또또... 협박하세요?
법 좀 알아보세요!

A 노동조합과 단체교섭을 하여 단체협약 체결하는 과정을 규정하는 것은 '노동조합 및 노동관계조정법(노조법)'이고, 노사협의회를 설치 · 운영하는 것은 '근로자참여 및 협력증진에 관한 법률(근참법)'에서 정하고 있는 것으로 각각의 법률은 제정 목적과 규율 대상이 다릅니다.

• 노사협의회란

노사협의회란 상시 근로자 수가 30인 이상인 사업장에 의무적으로 설치 의무가 있는 사내 기구로, 법률이 정한 범위 안에서 근로자들이 경영 및 인사에 관한 사항에 참여하는 제도입니다.

노사협의회는 법령 전문에서 밝히고 있는 것처럼 참여와 협력을 통한 노사공동이익의 극대화가 목적이므로, 이를 담보하기 위하여 관련법에서 설치 절차, 운영방법, 협의 내용 등을 구체적으로 규정하고 있습니다.

• 노동조합과의 비교

사용자와 근로자가 근로조건이나 기타 노사합의가 가능한 사항에 대하여 협의를 한다는 점에서 공통점을 가지지만, 다음과 같은 본질적인 차이를 가지고 있습니다.

구 분	노동조합	노사협의회
관련 법령	노동조합 및 노동관계조정법	근로자참여 및 협력증진에 관한 법률
설치의무	없음.	30명 이상 사업장 설치의무
설립목적	조합원의 근로조건 향상	노사공동이익의 극대화
단체행동	단체행동권 있음(쟁의행위 가능)	단체행동권 없음
협약체결	단체협약 체결권한 보유	단체교섭 불가능
갈등해결	단체교섭, 보충교섭을 통해 협의	고충처리위원회를 통한 해결

• 노사협의회 구성

❶ 노사협의회는 상시근로자가 30명 이상일 경우 필수로 설치해야 하는 제도로, 근로조건을 결정할 수 있는 사업이나 사업장 단위로 설치하는 것을 기본으로 합니다.

❷ 노사협의회 위원의 수는 근로자와 사용자 측이 각각 3명 이상 10명 내외의 같은 수로 구성해야 합니다.

❸ 사용자위원의 대표가 위촉하며, 근로자위원은 근로자가 직접 선출해야 합니다(노동조합이 있는 경우 노동조합의 대표자와 위촉된 자로 대신할 수 있습니다).

❹ 노사협의회는 3개월마다 정기적으로 회의를 개최해야 합니다.

• 노사협의회 운영

❶ 채용, 성과배분, 작업안전과 같은 근로조건의 변경이나 근로관계와 관련이 있는 경영개선 사항을 협의합니다

❷ 교육훈련, 사내복지시설 및 기금관리, 기타 주요결정사항은 의결을 해야 합니다

❸ 인력계획, 경영계획 등 경영권과 관련된 사항은 협의회 내에서 정보를 공유합니다.

사례의 사업장에 근무하는 근로자가 30인 이상이라면, 노동조합이 존재하는 사업장이라 하더라도 별도로 노사협의회를 구성하여 법이 정한 사항에 대한 협의, 의결, 경영정보 공유를 해야 합니다.

노동조합이 설립되어 있는 회사의 경우 노조와 노사협의회를 상호 보완적으로 운영하는 것은 가능하지만, 법률상 별개의 기구이므로 반드시 형식상 독립성은 유지해야 적법한 관리가 된다는 점을 잊지 않기 바랍니다.

정글노동법

95화

고충처리위원회에서 직장 내 괴롭힘에 대한 문제도 해결할 수 있을까요?

Q 노사협의회를 설치·운영하기 위하여 규정을 작성하고 있는 담당자입니다. 법령을 보니 고충처리위원회도 따로 두게 되어 있는데, 이 위원회가 하는 일이 무엇인가요?

오늘 웅사장과 점심먹다 직장 내 괴롭힘 얘기가 나왔는데 말야.
네. 뭐라던가요?
자기네는 이 문제를 고충처리 위원회에서 처리하고 있다더라구.
네에~
근데 고충처리위원회는 또 뭐야? 노조에, 노사협의회에...뭔 이런 게 이렇게 많나?!
일은 안 하냐?
전에 말 나온 노사협의회 만들 때 함께 만들라고 하는 기구예요.
선택사항이 아니라던데...
음. 그럼 내가 위원 임명해서 직원들 불만 들어주면 되는 거지?
당신, 당신, 당신 오늘부터 감투 수여!
그게 아니고 노사가 함께 구성해서 운영하는…
아... 뒷목...
이번에도 노가 들어가? 어떤 건지 좀 알아봐!

A 직장 내에서 발생하는 고충은 근로자의 근로환경이나 근로조건에 관한 개인적인 불만이나 인간관계, 심리 상태, 개인 문제 등을 말하는 것으로서, 집단적인 불만의 표출인 노동쟁의나 사내에 제도로 운영되는 인사관련 상담, 피드백과는 다른 개념입니다.

해소되지 못한 고충은 결국 생산성 저하와 잦은 이직 등을 유발하며, 장기적으로 조직 문화를 부정적으로 형성하는 경우도 있습니다. 이를 제도적으로 해결하기 위한 장치가 고충처리제도로, 노사협의회를 성실하게 운영하지 않는 기업들도 고충처리제도는 따로 두어 사내에서 발생하는 인간관계의 갈등이나 소소한 제도의 개선에 적극 활용하기도 합니다.

• 고충처리위원회의 설치

상시 30명 이상의 근로자를 사용하는 모든 사업 또는 사업장 단위에는 노사협의회를 의무적으로 설치해야 하며, 반드시 고충처리위원을 선임해야 합니다.

근로자참여법의 목적이 노사협력을 통한 공동이익의 극대화에 있는 만큼, 사내에서 발생하는 갈등을 신속하고 원만하게 해결할 수 있는 기구를 의무화한 것입니다.

고충처리위원은 노사협의회 위원 중에서 선임하되, 선임의 방법에는 제한이 없습니다. 또한 노사협의회를 운영하고 있지 않은 기업의 경우에는 사용자가 고충처리위원을 위촉합니다.

고충처리위원의 임기는 노사협의회 위원과 동일하며, 고충처리위원의 직무수행 시간은 근로시간으로 인정되고 고충처리를 수행한 것을 이유로 불리한 처분을 할 수 없습니다.

• 고충처리위원회의 운영

고충 신고는 특별한 제한 없이 회사 여건에 맞게 자유롭게 할 수 있어야 하며, 구두, 서면, 이메일 등 다양한 통로를 마련해 두는 것이 필요합니다. 다만, 민감한 고충이나 개인정보를 보호할 필요가 있는 사항에 대한 보안이나 비밀유지를 위한 여건도 별도로 준비되어야 합니다.

상당수 고충은 개인적인 사정이나 갈등이 주된 원인이므로 조직 내에 공개되기 전에 원만하게 해결할 수 있는 경우가 많습니다. 따라서 회사에 고충 해결을 신청할 수 있는 분위기 형성과 접수된 고충을 신속하게 해결하는 시스템을 구축하는 것이 무엇보다 중요합니다.

• 직장 내 괴롭힘의 처리

고용부에서 발표한 '직장 내 괴롭힘 판단 및 예방 · 대응 매뉴얼'을 볼 때, 직장 내 괴롭힘에 대한 조사 및 절차를 진행하기 위하여 전담 조직이 반드시 있어야 하는 것은 아닙니다.

사례의 사업장처럼 노동조합이나 다른 노사협의기구가 있다면, 별도의 조직을 구성하지 않고 이를 적극적으로 활용하는 것이 가능하며, 실질적으로 직장 내 괴롭힘을 해소해 나갈 수 있습니다.

직원들이 소개하는 우리 사장님(하예노)

Jungle labor law character

PART 8

기타

정글노동법

96 화

직장 내 괴롭힘은 이렇게 해결하자

Q 얼마 전 인사팀에 직장 내 괴롭힘으로 진정이 접수되었습니다. 그동안 직장 내 성희롱 문제가 발생하면 별도 위원회를 구성하여 다루어 왔었는데, 직장 내 괴롭힘도 같은 절차로 처리하면 되나요?

사장님, 회사 못 다니겠어요. 연구실
에서 똘똘 뭉쳐 저를 괴롭힌다고요.
저 정말
너무 괴로워요.
그래요. 충분히
알아 들었어요.
오늘도 잘 들었으니
이만 돌아가보시고…
훌쩍
훌쩍
이거 이제 회사로 직장 내
괴롭힘이 신고가 되네?
휴~~~
그간은 술 한잔 먹고 풀던가 회사를
그만 두던가 했는데, 괴롭힘방지법이
생기면서 회사에 접수가 되네요.
이거 성희롱 건처럼 위원회 구성해서
조사하면 되는 거야?
저도 이 법은
처음이라…
직장OO위원회
직장XXX위원회
직장**위원회
글쎄요…
고충처리위원회에
맡기면 되지 않을까요?
담당자가 희미해서는…
나 괴롭히는 거야?
나도
괴롭힌다고
신고한다?
그건 내
대사인데…
네! 알아
보겠습니다!

A 과거에는 회사 내에서 발생하는 개인 간 갈등은 술자리에서 풀거나 비공식적인 채널을 통하여 화해의 자리를 마련하여 해결하던 일이 많았습니다. 그러나 '직장 내 갑질'이 사회적 이슈가 되고 그 수준이 도를 넘는 것으로 확인되면서, 이를 예방하기 위한 관련 규정이 제정되었습니다.

실제로 최근 들어 직장 내 괴롭힘은 근로자들의 인권침해는 물론 이로 인한 사업장의 생산성 저해 등 점점 심각한 문제가 되고 있음에도 불구하고, 문제 해결에 활용하던 근거규정인 형법이나 근로기준법의 유사규정만으로는 한계에 봉착하여 별도의 규정을 두게 된 것입니다.

• 직장 내 괴롭힘의 요건

'직장 내 괴롭힘'이란 사용자 또는 근로자가 직장에서의 지위 또는 관계 등의 우위를 이용하여 업무상 적정 범위를 넘어 다른 근로자에게 신체적 · 정신적 고통을 주거나 근무환경을 악화시키는 행위입니다.

직장 내 괴롭힘은 사용자 외에 근로자도 다른 근로자에 대하여 직장 내 괴롭힘의 주체가 될 수 있으며, 근로자 파견에 있어서 사용사업주 소속 근로자와 파견 근로자 사이에서 발생한 직장 내 괴롭힘 사안에 대해서는 사용사업주도 사용자로서 근로기준법에 따른 조치 의무 등을 부담합니다.

법이 정하는 직장 내 괴롭힘의 성립 요건은 크게 세 가지로, 개별 요건을 모두 충족해야만 직장 내 괴롭힘으로 인정됩니다.

❶ 직장에서의 지위 또는 관계 등의 우위를 이용할 것
❷ 업무상 적정 범위를 넘을 것
❸ 신체적 · 정신적 고통을 주거나 근무환경을 악화시키는 행위일 것

• 직장 내 괴롭힘의 해결

원칙적으로 직장 내 성희롱 처리절차에 준하여 문제를 해결할 수 있으며, 예방 활동 또한 유사한 방식으로 제도를 설계 · 운영하는 것이 가능합니다.

따라서, ① 누구든지 직장 내 괴롭힘을 사용자에게 신고할 수 있고, ② 회사는 접수된 신고에 대해서 지체 없이 조사를 실시해야 합니다. 또한 ③ 사용자는 조사 기간 동안 직장 내 괴롭힘과 관련하여 피해를 입은 근로자 등을 보호하기 위하여 적절한 조치를 취해야 합니다.

또한 ④ 사용자는 조사 결과 직장 내 괴롭힘 발생 사실이 확인된 때에는 '피해 근로자가 요청하면' 피해자에 대하여 적절한 조치를 하고, ⑤ 지체 없이 '행위자에 대하여' 징계, 근무장소의 변경 등 필요한 조치를 하여 문제를 해결해야 합니다.

• 직장 내 괴롭힘의 예방

한편, 취업규칙에 직장 내 괴롭힘의 예방 및 발생 시 조치 등에 관한 사항을 추가하고, 가급적 정기적 교육을 실시하는 등 직장 내 괴롭힘을 예방하기 위한 제도적 보완책을 마련해야 합니다.

사례의 사업장에서 발생한 직장 내 괴롭힘도 위 요건에 따라 판단한 뒤, 고충처리 위원회나 인사위원회 등 사전에 정해놓은 절차에 따라 적절한 조치를 취해야 합니다. 조치과정에서 무엇보다 중요한 것이 피해자의 보호라는 점도 명심해야 하겠습니다.

정글노동법
97화

하청업체가 체불한 임금을 대신 물어주어야 하나요?

Q 공사현장에서 외장 도급을 준 인력들 사이에서 임금체불이 발생했다는 보고를 받았습니다. 이미 계약에 따른 인건비를 하청업체에 지불했는데도, 추가적으로 체불된 임금에 대한 책임을 지는 것이 맞는 건가요?

사장님! 저희 업체 직원들 임금 지불해주세요!
아니, 도대체 누구신데요?
여기 들어가시면 안 돼요!
세종 3현장의 협력업체인 호롱산업인데요, 임금을 못 받았다고요!
뭣이?
호롱산업이랑 세종 3현장 협력업체 지난달까지 대금 지불 다 끝났지?
지급하라!
지급하라!
네! 그런데 들어보니, 호롱 경리가 급여를 들고 잠적한 것 같아요.
그...그래?
원청
호롱
그럼 경리를 찾아서 돈을 받으세요. 고소를 하시든... 우리는 다 줬어요.
배 째!!
원청이 책임져야죠! 우리 모두 드러눕자!
아니 이 사람들이... 이봐 경찰에 연락해!

A 계약이 여러 단계에 걸쳐 이루어지는 사업의 경우, 하청업체 중 일부에서 임금체불이 발생하는 경우가 있습니다. 특히 건설업은 공사현장마다 단계별로 다양한 기술자와 협력업체가 필요하므로, 여러 차례 도급이 이루어지는 것이 드물지 않기 때문에 임금체불도 그만큼 자주 발생하게 됩니다.

근로기준법은 사업이 한 차례 이상의 도급에 따라 행하여지는 경우에 임금체불이 발생하면, 해당 일거리를 준 회사와 일을 받은 회사가 연대하여 임금지급에 대한 책임을 지도록 하고 있습니다. 건설업의 경우 다단계 하도급 구조로 인해 빈번하게 임금체불이 발생하고 있어, 하도급으로 인하여 체불이 발생하였다면 일을 준 회사가 연대책임을 지도록 따로 규정을 하고 있습니다.

연대책임은 일을 준 기업이나 개인에게 잘못이 있는지 여부와 상관없이 책임을 지게 하는 것으로, 건설업자가 아닌 자에게 하도급이 이루어진 경우에는 무조건적으로 임금지급 연대책임을 져야 합니다.

이렇게 적용범위와 적용요건을 다르게 하여 다단계 하도급에서의 체불임금 연대책임을 규정한 이유는, 건설업에서 위법한 건설공사 하도급으로 문제가 발생하는 것을 방지하고자 하는 의도가 담겨 있습니다.

일을 준 기업이나 개인이 건설업 등록이 되어 있지 않아 건설공사를 위한 자금력 등이 확인되지 않는 자에게 일을 맡김으로써 발생한 위험에 대한 책임소재를 명확하게 하는 규정이라고 볼 수 있습니다.

사례의 토목회사가 하청을 준 대상이 건설업 면허가 없는 하청인으로 임금체불이 발생한 것이라면, 회사가 인건비를 하청인에게 지불했는지 여부와 관계없이 현장의 건설일용근로자들에게 임금을 지급해야 합니다.

다만, 근로자들에게 체불임금을 대신 지급한 경우 해당 금액만큼 하청업체에게 지급할 하도급 대금은 소멸한 것으로 봅니다.

정글노동법

98화

사업을 인수하면 고용승계를 해야 한다는데 사실인가요?

Q 사업 확장을 위해 공공기관 시설 위탁 사업권을 따냈습니다. 기존 업체에서 일부 시설을 양수도 하게 되었는데, 위탁업무를 담당하던 전 회사 소속 직원들까지 전부 고용승계를 해야 하는 것인지 궁금합니다.

어휴, 이번 입찰은 참 힘들었네. 이비가 대리도 고생 많았어요.
네, 사장님. 수고하셨습니다.
이게 끝이 아닐 텐데요? 우리 직원들 문제가 남았는데요!
헉! 뭐야?
누..누구 세요?
우리 앵무산업 직원들, 고용계약 승계하셔야죠!
승계하라! 승계하라!
무슨 소리에요? 우리가 위탁사업 계약할 때 고용승계 조건 없었어요.
듣도 보도 못한 얘기~
무슨 소리예요! 전 사장님은 우리가 새 직장에서 일하게 된다고 말했는데!
새 직장 가서! 꼭 꿈을...
새 술은 새 부대에! 능력있는 사람만 다시 뽑을 거에요!
억울하면 능력 있던가~
선별채용 부당하다! 부당해고 하지 말라!

A 사업이나 서비스 위 · 수탁 계약이 종료되면 기존 관리업체 입장에서는 종료되는 업무를 수행했던 소속 근로자들의 고용을 현실적으로 지속하기 어려워집니다. 그래서 이 시기를 전후로 부당해고나 고용승계 의무에 대한 다툼이 일어나기도 하는데, 특히 공공 기관의 시설 운영 위탁, 아파트 단지 관리사무소 등에서 다툼이 많이 발생하는 편입니다.

특별한 사정이 없는 한 입찰을 통해 선정된 새로운 용역업체는 신규 채용의 형태로 종전 용역업체의 근로자를 채용하는 것이 일반적인 형태입니다. 따라서 이러한 모습이 마치 고용승계가 이루어지는 것으로 보이기도 합니다.

하지만 사적자치와 계약자유의 원칙에 따라 새로 선정된 사업주에게 반드시 고용을 승계해야 할 의무가 발생하는 것이라고 볼 수는 없으며, 다음과 같은 계약조건이 있었는지를 고려하여 종합적으로 판단하는 것이 필요합니다.

❶ 기존 직원의 고용승계를 입찰 조건으로 수락하여 낙찰된 경우

❷ 수탁업체 변경 이후 동일한 업무가 수행되는 경우

❸ 위 · 수탁 계약의 고용승계 의무를 기재하기는 하였으나 "원칙적으로 고용을 승계하여야 하며" 등으로 고용승계를 하지 않아도 된다는 해석의 여지를 남겨둔 경우

❹ 고용승계 의무에 대한 합의 · 협약이 있었으나 위 · 수탁업체 사이에 맺어진 것이 아닌 위탁업체와 수탁업체 소속 근로자들 사이에 맺어진 경우

❺ 위 · 수탁 계약에 직원의 기존 근속기간은 일정하여 퇴직금, 기타 복리후생을 적용한다고 규정한 경우

❻ 위 · 수탁 계약 변경 시점 이후 임시적으로 인수인계 등을 위하여 업무를 제공한 경우

❼ 수탁업체 변경 이후 재고용 공고를 하기는 하였으나, 구체적인 근로조건의 기재가 되지 않은 청약의 유인에 불과한 경우

따라서 ① 위 · 수탁 계약에 고용승계 의무가 명시적으로 기재되어 있거나, ② 위 · 수탁 계약이 실질적으로 영업양도에 해당하는 경우, 그리고 ③ 고용을 승계하는 관행이 있다고 인정되는 경우 새로운 수탁업체에 고용승계 의무가 인정될 수 있습니다.

실질적으로 영업양도에 해당하여 고용승계 의무가 인정되면 기존 직원들을 선별하여 선발 채용하는 것은 자칫 부당해고의 위험을 떠안는 꼴이 될 수 있으며, 근로조건의 일방적인 변경이나 계약내용의 조정 또한 신중을 기해야 합니다.

사례의 회사는 획득한 사업의 계약 내용에 따라 직원의 포괄적 고용승계를 해야 하는 것인지를 판단해야 합니다. 만약 고용승계 의무가 명시적으로 기재되어 있거나 영업양수도 거래계약을 체결한 것이라면 고용승계는 의무가 되므로, 고용관련 분쟁이나 근로조건의 일방적 저하 등의 문제가 생기지 않도록 각별한 주의가 필요합니다.

정글노동법

99 화

감염병으로 인해 순환 휴직을 하는 경우 수당 지급의무

Q 지난달까지는 어떻게 공장을 가동해 왔는데, 이번 달부터는 주문량이 더 줄어서 휴직을 시키지 않으면 직원들을 정리해야 하는 상황이 되었습니다. 코로나19로 인하여 휴직을 시키는 경우, 휴업수당을 지급해야 하나요?

아시다시피 지금 경제도 그렇고
우리 회사도 사정이 말이 아닙니다.
아아! 다들 경청하시죠!
눈물을 머금고 순환휴직을 실시하게
되었고요, 3교대를 검토하고 있어요.
저도 슬퍼요 하지만 회사를 위해...
안약이 어디?
(쇼하네)
(백퍼 뻥)
사장님! 그럼 휴직 중 급여는
어떻게 되는 건가요?
당연히 무급 순환휴직으로 되겠죠?
그러기 위해 시행을 하는 거니까?
칼! 답!
말해 뭐해~
아니, 우리가 왜 휴직을 당하면서
급여를 못 받아야 합니까?!
우당탕!
억울해!
아니 이게 회사 탓인가요?
지금 코로나, 수출 상황 모르세요?
이 시국에 돈 주는 회사가 많아요?
무급 휴직
인정 못 한다!!

A 근로기준법은 근로관계가 유지되는 가운데 사용자의 책임으로 인하여 근로자가 휴업하는 경우, 사용자는 휴업기간 동안 그 근로자에게 평균임금의 100분의 70 이상의 수당을 지급하도록 강제하고 있습니다.

이는 근로자가 근로를 제공할 의사가 있음에도 불구하고 그 의사에 반하여 노무의 제공이 거부되거나 불가능하게 되었기 때문에, 휴업기간 중의 생활을 보장하는 차원에서 수당을 지급하도록 정해 놓은 것입니다.

고용노동부나 법원은 '사용자의 책임' 범위에 대하여 '사용자의 세력범위 안에서 발생한 경영 장애까지 해당되는 것'으로 상당히 넓게 보고 있습니다. 이에 따르면 근로자에게 책임이 있거나 천재지변 등 불가항력인 상황이 아니라면 대체로 사용자의 책임인 것으로 본다고 이해할 수 있습니다.

이 기준에 따르면 최근 코로나19로 인한 예방 차원의 휴업, 협력업체 휴업에 따른 부품 공급 중단과 예약 취소로 인한 휴업 · 휴직도 사업주의 귀책사유로 보게 됩니다. 고용노동부는 이런 휴업도 '사용자의 세력 범위 안에서 발생한 경영 장애'로 해석하고 있습니다.

다만, 휴업의 사유가 감염병 예방법 등에 따른 강제조치(사업장폐쇄, 휴업조치 등)인 경우에는, 휴업조치를 불가항력인 사유로 보아 사용자에게 책임이 없다고 보아 휴업수당 지급의무를 면할 수 있습니다.

한편, 근로기준법은 사용자가 부득이한 사유로 사업을 계속하는 것이 불가능하여 노동위원회의 승인을 받은 경우, 휴업수당의 일부 또는 전부

감액할 수 있다고 하여 휴업수당 지급 범위에 관한 예외를 인정하고 있습니다.

휴업수당 감액 지급 승인을 받으려는 사용자는 지급하려는 휴업수당 및 그 구체적인 이유 등을 기재한 신청서를 관할 지방노동위원회에 제출하여야 하고, 원칙적으로 신청서를 접수한 날부터 30일 이내에 결과가 통보됩니다.

사례의 사업장은 코로나19로 인해 경영이 악화된 경우로, 주문량 감소는 경영상의 이유이기 때문에 휴업을 실시하는 기간 동안 근로자들에게 휴업수당을 지급해야 합니다. 다만, 매출 감소 폭이 지나치게 커서 부득이하게 현 상태로 사업을 계속하는 것이 불가능한 경우, 위에서 언급한 휴업수당 감액 지급 승인 신청을 하는 방안을 고려해볼 수 있습니다.

정글노동법

100화

정부가 지원하는
고용관련 지원금 정리

Q 정부가 고용안정과 신규 일자리 창출을 위해서 다양한 지원금 제도를 운영하고 있다는 것은 알고 있습니다. 구체적으로 우리 회사는 어떤 지원금을 신청할 수 있을까요?

우대리, 요즘 회사가 말이 아닌 거 알지? 몇 명 정리해야 하나?
사, 사장님! 지난번에 말씀드렸잖아요. 노동부 지원금이 있다고요.
사람 자르면 지원금도 out!
그랬나? 그래?
그런데 그렇담 지원금도 결국 갚는 거 아냐?
그게 메리트가 있나?
갚는 거면 지원금이 아니죠. 상황이 이렇다 보니 다양한 지원금이 있구요.
뭐? 안 갚아도 돼?
지원금
지원금
보조금
지원금
아니 그럼 당연히 신청해야지! 왜 가만히 있었어!
제가 몇번 말씀드렸는데...
빨리빨리 조사해서 보고해. 뭐가 젤 나아?
쌩~~
네네. 정리해서 보고드릴게요.

A 최근 정부는 청년층 고용 창출과 고용안정을 위하여 여러 가지 제도와 지원책을 쏟아내고 있으나, 전반적으로 경기가 침체기를 벗어나지 못하고 있어 큰 효과를 보지 못하고 있는 상황입니다.

이에 한시적으로 활용할 수 있는 특별 지원금 제도를 신설하거나 기존 제도의 신청절차를 간소화하는 등 여러가지 방법으로 지원방안을 확대하고 있으므로, 추가고용의 여력이 있거나 고용안정이 가능한 사업장은 각종 제도에 대한 안내를 받아보는 것이 좋습니다.

고용관련 지원금은 크게 고용창출지원금과 고용안정지원금으로 구분할 수 있으며, 지원대상에 따라 근로자를 직접 지원하는 지원금과 채용 사업주를 지원하는 간접지원금 형태로 나눌 수 있습니다.

• **고용창출장려금**

통상적 조건으로 취업이 어려운 취약계층을 고용하거나 교대제 개편, 실근로시간 단축, 시간선택제 일자리 도입 등 근무형태를 변경하여 고용기회를 확대한 사업주를 지원합니다.

• **고용유지지원금**

고용유지지원금은 고용조정이 불가피하게 된 사업주가 근로자를 감원하지 않고 고용을 유지하는 경우, 임금을 지원하여 사업주의 경영 부담을 완화하고 근로자의 실직을 예방합니다.

• 고용안정장려금

생애주기별로 고용불안이 가속될 때 소정근로시간 단축, 근로형태 유연화 등을 도입하여 근로자의 계속고용을 지원하거나 기간제 근로자 등을 정규직으로 전환하는 사업주를 지원합니다.

• 기타 지원금

장년층의 고용안정을 대상으로 하는 고령자 계속고용 지원금이나 청년들의 장기근속을 유도하기 위한 내일채움공제 등이 자주 활용되는 지원제도로, 특히 청년 내일채움공제의 경우 2~3년의 근속기간을 채우면 청년에게 목돈을 지급합니다.

• 일자리 안정자금

최저임금 인상에 따른 소상공인과 영세중소기업의 경영 부담을 완화하고 근로자의 고용안정을 위해 사업주에게 지급하는 지원금으로, 일정 금액 이하의 월 급여를 받는 근로자 1인당 소정의 비용을 지원합니다.

참고로 지원금마다 지원자격이 상이하나, 공통적으로 요구하는 조건은 다음과 같습니다.

❶ 정부지원제도 신청이 가능한 업종일 것(사행성, 유흥업종 등은 신청불가)
❷ 지원금 신청 전 1개월부터 신청기간 동안 인위적 고용조정을 하지 않을 것

저 자 소 개

글

노무사 **박용호**

- 성균관대학교 사학과 졸업
- 공인노무사
- 동아증권, 리젠트금융지주, 하나은행 등 근무
- 월간 신용사회 인사노무 칼럼, OKKY 노동법 칼럼 연재
- 현) 노무법인 조율 파트너 노무사

그림

변호사 · 만화가 **이영욱**

- 고려대학교 법학과 졸업(학사, 석사, 박사)
- 사법시험 합격(44회), 사법연수원 수료(34기)
- 대한변협신문에 '변호사25시' 만화 15년째 연재중
- '고돌이의 고시생일기' '저작권별별이야기' 등 만화책 13권 출간
- 현) 법무법인 감우 변호사, 만화가